これで安！心

仕事の基本がよくわかる

開拓型営業の戦略と技術

簾田 彰夫 著

お客の心を開拓し、しっかりと耕し、顧客満足を育てていく営業手法のすべて

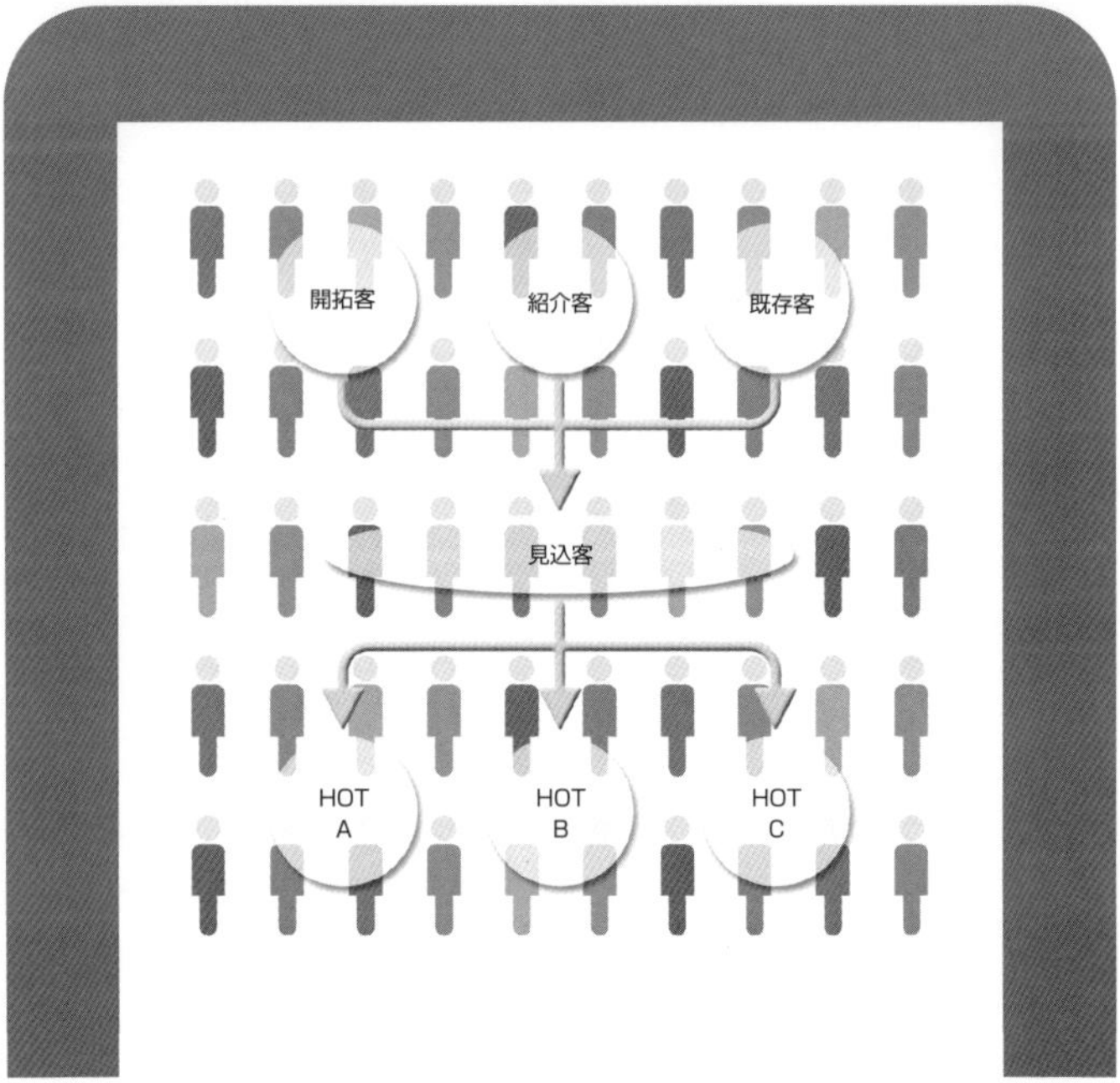

同文舘出版

はしがき

この本は、単なる営業の入門書ではありません。なぜならば、この本は新人だけでなく、営業という仕事で成功したい、この仕事を通じて自分自身を大きくしたいという気持ちを持っている人ならば、誰にでも役に立ててもらえるように書いたものだからです。中でも、次のような覚えのある人は、ぜひこの本を読んでください。

・お客に「あなただから買うんだよ」と言ってもらえる営業マンになりたい
・いろいろ営業の本を読んだが、いままで「これ」という本に出会えなかった
・外回りをしていて、訪問を続ける気力が失せて途方にくれたことがある
・営業という仕事は嫌いではないが、自分には適性がないのではないかと思うことが多い
・お客をリードするのが下手で、いつもクロージングへ進むのに苦労している

成長に悩みはつきものです。本気で仕事に向かえば、それだけ悩みは多くなります。しかし、それらの悩みには、ちょっと視野を広げてみるとすぐに解決できるものがたくさんあります。

そんな、悩むに値しないようなことに悩むのは、まさに徒労以外の何ものでもありません。この本は、そういうむだをなくしてもらいたいという思いで書かれたものです。これまでの筆者自身の経験に取材を重ね、それぞれの営業現場で何をすれば効果的か、ノウハウを結集しました。

*

この本はまた、いわゆるマニュアル本でもありません。なぜならば、この本では「このとおりにしなさい」ではなく、「こうしたらどうか」ということしか書いていないからです。

「このとおりにする」ことは、逆に言えば、「どうがんばってもこのとおりにしかならない」と

いうことではないでしょうか。

マニュアルとはつまるところ、枠を定めて均質化しようとすることにほかなりません。枠にきちんと収まること、つまり、平均的であること、無難であることが、マニュアルの求めるものです。そのためか、マニュアルどおりにやって大成した人はいません。

もちろん、枠の中のほうが肌に合うという人もいるでしょう。はっきり言って、そういう方々にはこの本は向きません。これは、そんな枠から外に出て、自分自身の営業の路を切り拓きたいという意志を持つ人に向けて書かれたものだからです。自分自身の営業法を模索する人に、「このとおりにしなさい」はないでしょう。必要なのは、迷ったときに路を探すためのヒントです。

だから、この本では、いまの自分には無理だと思うことは飛ばしてもかまいません。いまの自分に必要だと思うことだけを実行してください。

＊

ボーイズ・ビー・アンビシャス――と、かのクラーク博士は言いました。

アンビシャスを、明治の人は大志と訳しましたが、その本意は「野心」だと言います。野心というと悪い意味に取られがちですが、野の元々の意味は「城塞の外」、いわば「枠の外」で、つまり野心とは「枠から出て、荒野の開拓を目指すこころざし」を言うものなのです。

そこで、クラーク博士の言葉を借りて、この本の読者に次の言葉を贈らせていただきます。

営業マンよ、野心を持て――これが開拓型営業の真髄です。

二〇〇五年七月

著　者

開拓型営業の戦略と技術●目次

4章 顧客深耕の技術

構成・編集　三田書房

1章

顧客満足と開拓型営業

営業の「常識」に惑わされるな

1 顧客満足と営業

■成熟した市場では「＋α」の営業が大きな力を発揮する

◆物質的満足から精神的満足へ

いま、企業経営の主軸はＣＳ（顧客満足）にシフトしています。営業もそれに応じて大きく変革することが求められていますが、ここではまず、顧客満足という理念が標榜されるようになった背景を見ておきましょう。

市場の成熟に伴って企業のありようが供給本位から市場本位へ大きく変化したのは、ご存じのとおりです。かつては「お客は何を欲しているか」が経営のテーマで、ニーズさえつかめば、ものはどんどん売れました。

しかし、市場が飽和し情報社会化した現在では、ものはそう簡単には売れなくなっています。理由はいろいろ言われていますが、その根源には、消費者の商品知識が高度化し、価値観が多様化したという事実があることはまず間違いありません。

消費者は単なるニーズではなく、ニーズ＋α、つまりウオンツがなければものを買わなくなりました。売りやすい時代から売りにくい時代へ移行したのです。

たしかに、お客は本当に欲しいと思ったものしか買わなくなりました。市場の力関係が売り手主導から買い手主導へと逆転した、そう言っていいでしょう。

営業のあり方もそれに応じて変わってきました。次ページはその変化をパターン化し

▼ＣＳ――カスタマーズ・サティスファクションの略です

▼顧客――一般には、自社と一度以上の取引のあるお客のことを言います。しかし、顧客満足という場合の顧客はもっと対象が広く、一般消費者全般のことと考えていいでしょう

▼ニーズとウオンツ――ニーズは必要、ウオンツは欲求。マーケティングでは、ニーズは「不足や欠乏を意識した状態」、ウオンツは「ニーズが特定のものを欲するまでに至った状態」と定義されています

◆営業の質的な変化◆

ここがポイント　ＣＳの営業は旧来の営業と本質的に異なるのだということを理解しよう

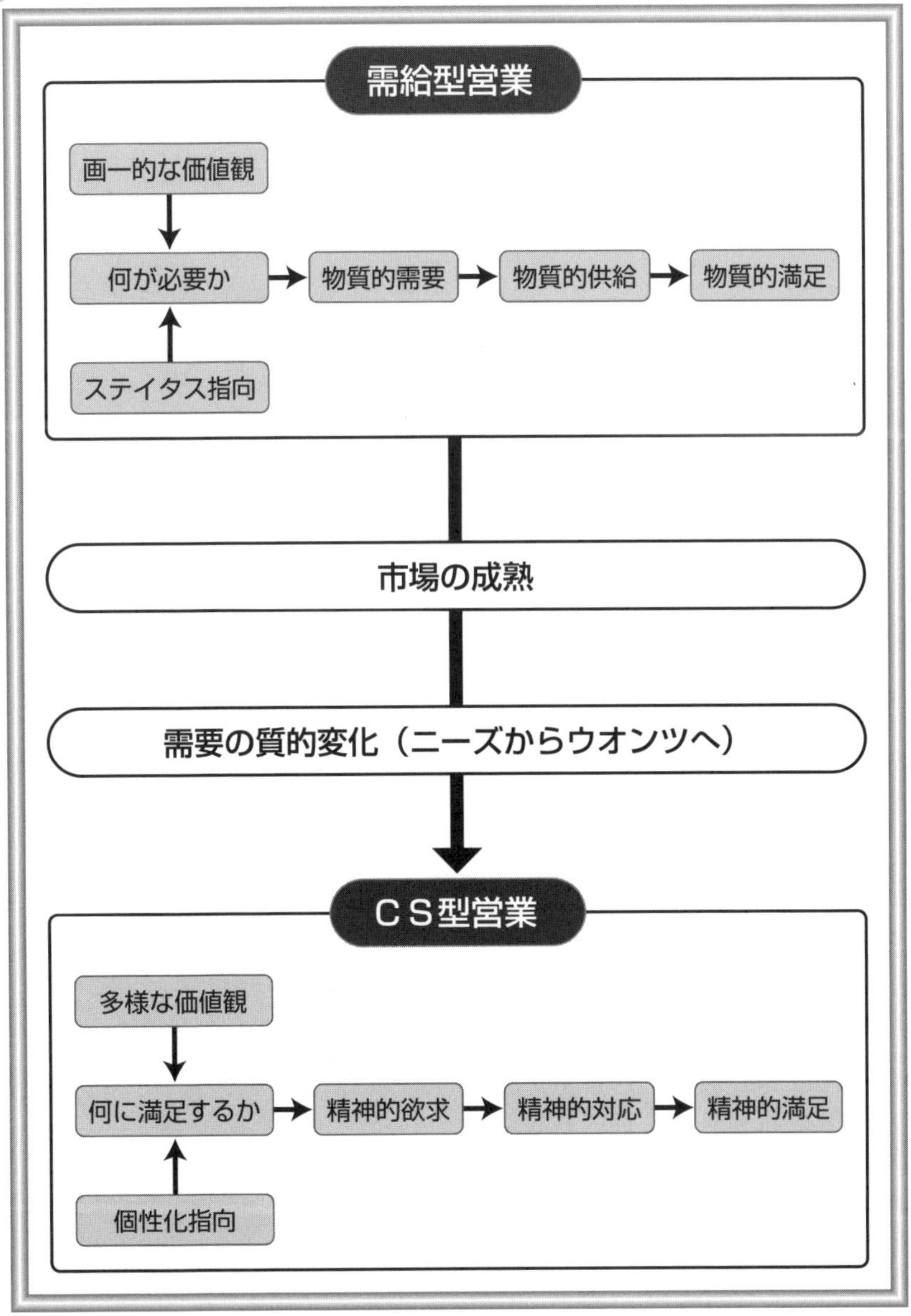

たものですが、ここに示されているように、かつてはものを得ることだけで満足できたのが、いまでは、さらに精神的な欲求が満たされなければ満足しなくなっているのです。

となれば、売り手側も発想を転換せざるを得ません。そこで、顧客満足という理念が打ち出されたわけです。

◆「＋α」をどう生み出すか

顧客満足の経営は、「お客は何に満足するか」をテーマとしています。

その先鋭を担うのが営業ですが、当の営業マンがはたしてこの顧客満足ということを本気で考えたことがあるのかというと、疑問であると言わざるを得ません。

おそらく、「これなら満足するだろう」という形で片づけてしまっているのが実情ではないでしょうか。次から次に、これでもかこれでもかとカタログを並べ立て、お客が満足するまで待つといった営業をしている人は決して少なくないようです。

たしかに、それで満足するお客はいます。しかし、それは物質的な満足にすぎないものであって、お客を本当に満足させたとは言えません。たぶん、そのお客のリピートはなく、次はほかへ行ってしまうでしょう。物質的な満足はすぐに消滅してしまうものだし、ほかと数値的に比べることができるからです。

顧客満足は、次につながらなければ意味がありません。お客をリピートにつなげるには、物質的な満足（ニーズの充足）に加えて「＋α」の満足があって初めて可能であり、営業にとってこの「＋α」が重要なのです。

▼アフター・フォロー——売りっぱなしではなく、売った後も営業マンが訪ねるなどして、商品のメンテナンスや不具合などについて、積極的に親身に対応することを言います。お客は買った後に不安を抱くことが多く、それを取り去る意味でもアフター・フォローは非常に重要です。顧客満足の営業には不可欠なものと考えてください

◆顧客満足の構図◆

ここがポイント　本当の満足を与えられなければ、お客はついて来てはくれない

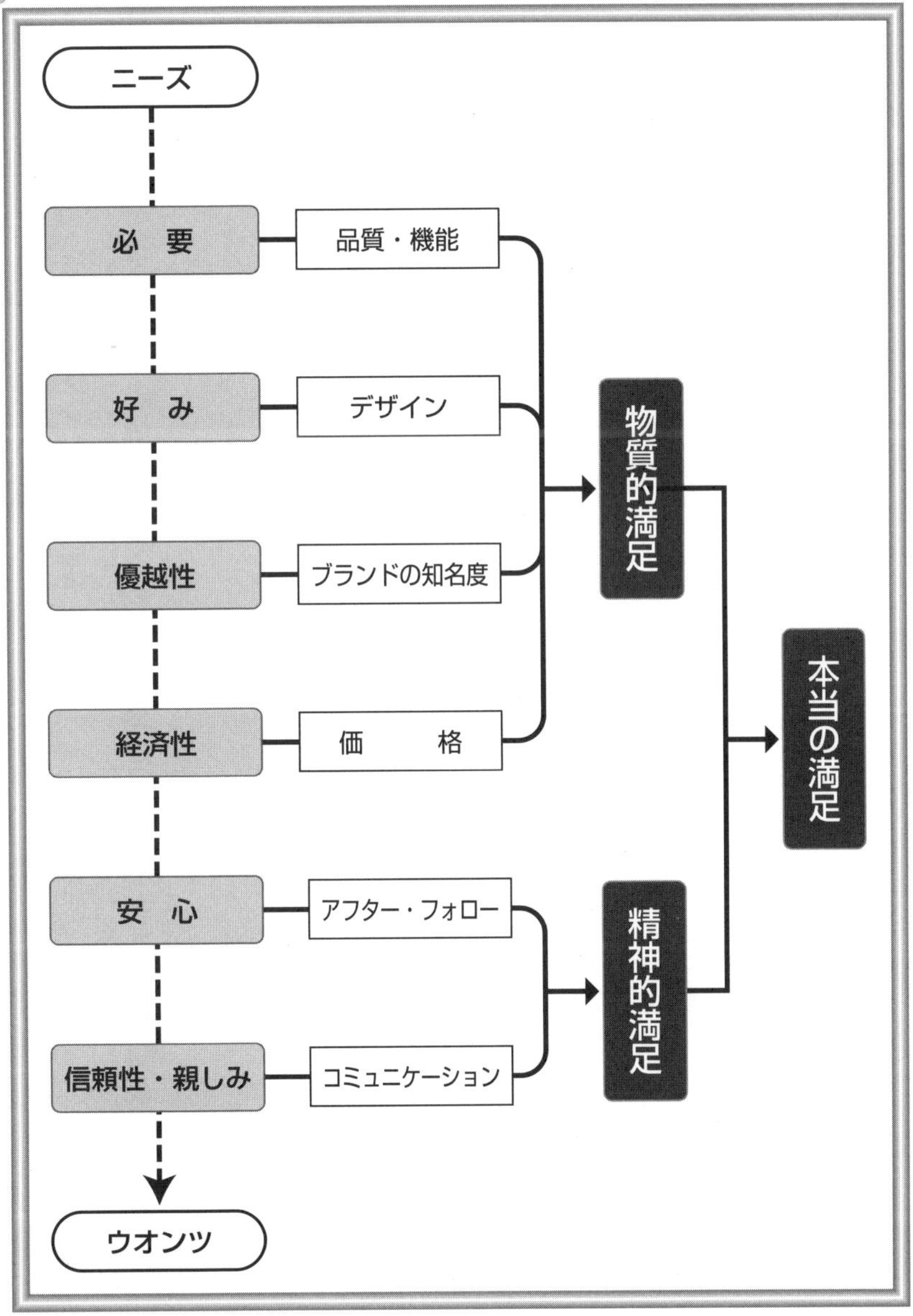

2 開拓型営業のポリシー

■お客を満足させるのではなく、お客の満足を開拓するのが開拓型営業

◆本当の満足に応える

「＋α」とは精神的な満足、つまり「心の満足」です。物質的な満足なら、何をどうすればどれくらい満足してもらえるか、だいたいの推測ができます。しかし、心の満足は気持ちの問題であり、お客自身がどこまで納得したかで決まるため、一概にどうすればよいということは言えません。むしろ、小手先の見え透いたことをすれば、かえって反感を招いてしまう恐れもあります。

成熟した市場が求めているのは、心の満足を含む「本当の満足」です。前ページに見たように、それに応えることは品質・機能の向上からお客とのコミュニケーションの充実まで、あらゆる面での企業努力が必要です。

顧客満足は、その場しのぎのポーズでも、言葉のまやかしでもありません。この成熟した市場を相手に生き延びていかなければならない企業にとっては、その生死を分けるほど重要な経営課題なのです。

◆二つの課題

そのうち、主として営業は、コミュニケーションの充実によるお客との関係の拡充を担っていくわけですが、確実にお客の心をつかみ、自社との取引に本当に満足してもら

▼市場――買い手と売り手が出会う場をいいます。それは売り手から見れば、「売れる可能性そのもの」なので、経営学では「ある特定の製品・商品やサービスに対する需要」、あるいは「その需要の主である消費者」の意味で用います

開拓型営業の形

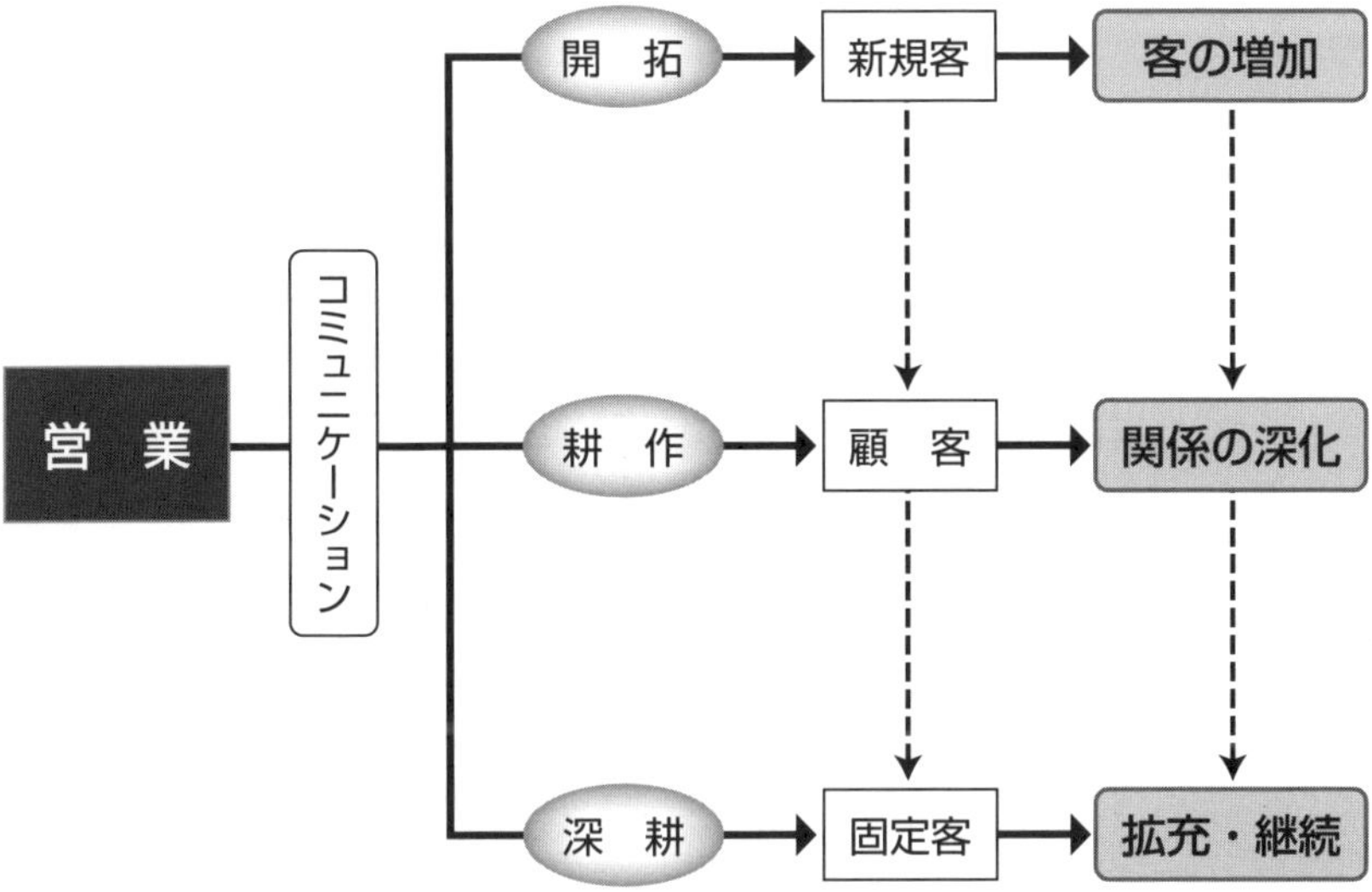

えるように、万全を尽くさなければならないことは言うまでもありません。

そのためには、お客が何を欲しているのか相手の立場で理解し、お客の信頼を深めていくことが大切です。したがって、顧客満足の営業では次の二つがとくに重視されます。

①コミュニケーションの輪を拡げる努力

②コミュニケーションの内容を深める努力

お客の心を開拓し、しっかりと耕し、満足を育てていくという気持ちが大切なわけです。そして、これをポリシーとした営業法を、本書では「開拓型営業」と言います。

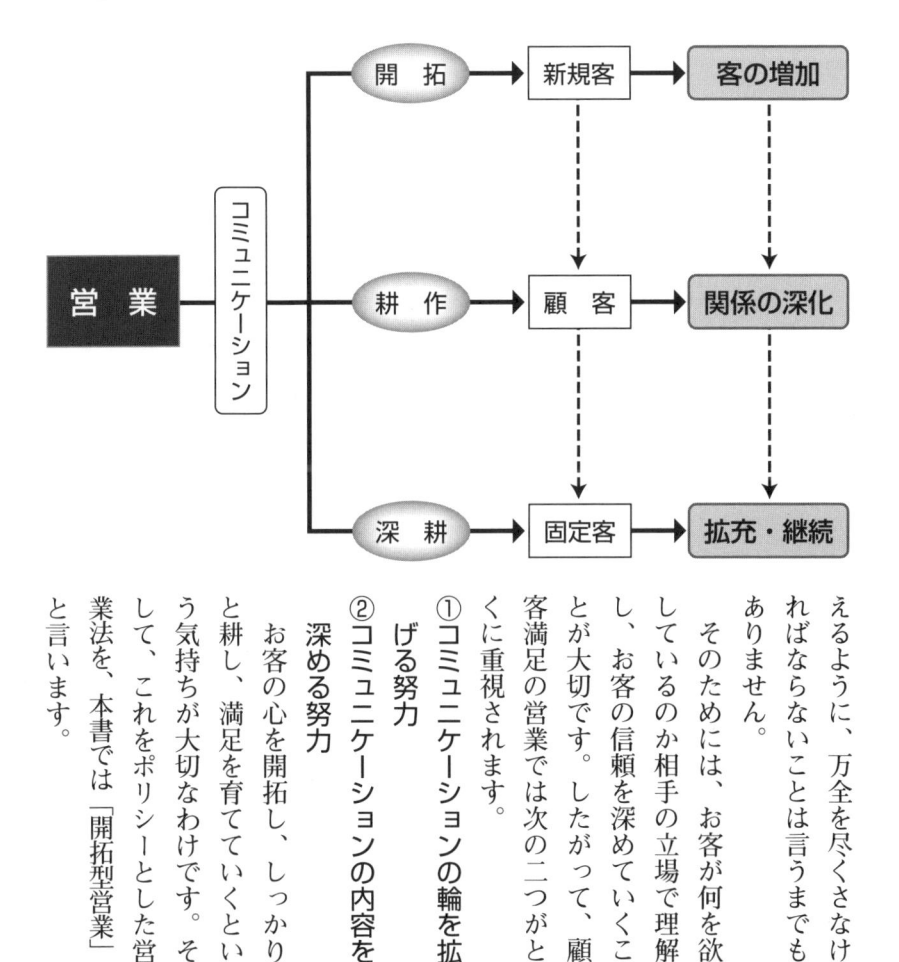

▼開拓——荒地を切り拓いて田畑や宅地などにすることですが、それだけでなく、切り拓いた田畑を耕していくことも意味に含まれます

3

あなたの営業法は大丈夫か

■成績のバラつきには、必ず本人の気づかない原因が潜んでいる

◆まず自己点検

「営業という仕事は不安定だ」と多くの営業マンが言います。今日はよく売れても、明日も売れるとは限らない、いまは順調でも、これがいつまで続くかわからない、運まかせの要素が多く、将来のことを考えると不安だ、と言うのです。

たしかに、営業には好不調の波はつきもので、好調に成績を伸ばしていたのが急に落ち込んで低迷を続けるとか、毎月の成績にムラがあるといった例はザラです。だから、「同じように仕事をしているのに、成績にこんなに大きな違いが出るのは、運が悪かったとしか考えられない」とボヤきたくなるのもわかります。

しかし、好不調の原因をそのように、ただの運のよしあしだけで片づけてよいのでしょうか。

営業の成績に運があることは否定できません。しかし、その前に必ず、何か別の原因があるはずです。本人は同じように仕事をしたと思っていても、本当は違っていたのかもしれません。努力したつもりが空回りだったということもあり得るでしょう。

営業は、方法しだいで不安定にもなれば、安定したものにもできるのです。そのためには、あなたの営業法はどうなのか、まず自分の仕事ぶりを見つめ直してみましょう。

◆仕事ぶりチェックリスト◆

ここがポイント　あなたはどういう営業マンなのか、確認しよう

該当する欄にチェックマークをつけよう

		A 自信がある	B 人並みである	C 自信がない
1	営業という自分の仕事を、誰にでもわかるように説明できますか			
2	営業という仕事を辛いと思わず続けていけそうですか			
3	お客によく頼みごとをされるほうですか			
4	自分の非を認め、きちんと謝ることができるほうですか			
5	訪問する前に、そのお客に関する下調べをしますか			
6	毎日、朝、その日の行動計画を立てていますか			
7	よいと思えば、マニュアルを無視しても行動するほうですか			
8	売っている商品について、どんな質問にも十分に答えられますか			
9	情報を十分に活用しているほうですか			
10	自分はお客に信頼されていると感じることが多いほうですか			
11	一定の期間ごとに、自分なりに営業目標を立てていますか			
12	営業マンとしてのマナー、身だしなみはきちんとできていますか			
13	上司、先輩、同僚に、仕事についてよく相談するほうですか			
14	実績（結果）だけで評価されることに自信がありますか			
15	新規客の訪問（飛び込み訪問）は積極的にするほうですか			
16	自分は営業という仕事に向いていると思いますか			
17	お客と面談した後でそのときの模様を振り返って分析しますか			
18	以前に取引のあったお客と定期的にコンタクトを取っていますか			
19	それぞれのお客に合わせて、営業の仕方に工夫していますか			
20	仕事に対する自分の姿勢に誇りを持っていますか			
採点	チェックマークの数の合計			
	配　　点	5	2	0
	チェックマークの数×配点			
	総　合　点			

4

あなたの課題を見つけよう

■具体的に課題を見つけ、ひとつずつ克服していくことが営業力アップの秘訣

◆開拓型営業への一歩

前ページのチェックリストの診断の目安は次ページのとおりです。

誤解がないように言っておくと、このチェックリストはあくまでも「仕事へのあなたの取り組み方」をたしかめるものであって、あなたが営業という仕事に向いているかどうかを見るものではありません。

いわば、総合点はあなたの営業の傾向を示すもので、営業マンとしての優劣とは無関係ということです。だから、総合点が86点以上だったからといって、安心するのは禁物です。また、逆に31点以下だったからといって、「自分には適性がない」などと思わないでください。それよりも注目したいのは、それぞれの項目の内容のほうです。

本書のテーマである開拓型営業とは、「運などの偶然に左右されることが少なく、常に安定した形で着実に実績を伸ばしていくための営業方法」を言います。そういう営業マンになるためには自己改革が必要で、このリストはその基本的な条件を示しているのです。

したがってここでは、あなたが前ページのB欄とC欄にチェックマークをつけた項目が重要になります。それはそのまま開拓型営業へのあなたの課題となるからです。

◆営業ぶり診断表◆

ここがポイント　総合点がよくても油断は禁物

総合点	診　断	課　　題
86点以上	・Ａ欄にチェックマークをつけたものがどれも過信によるものではなく、本当の自信によるものなら、あなたはほぼ完全な営業マンと言えます ・このままの営業姿勢を堅持していけば、やがて確実に成績を伸ばしていけるでしょう	・ＢとＣ欄にチェックがついた項目の克服に努めましょう ・とくにリストの４、９、15番の項目で自信のないものは、早く確実に自信が持てるように努めてください
60～85点	・営業マンとして一応は合格ですが、気を緩めるのは禁物。お客の立場で考えるという方向で、営業法にさらに磨きをかけましょう ・不振のときはもちろんですが、よい成績をあげたときも、なぜそういう結果になったのか、理由をきちんと見きわめることが大切です	・Ｂ欄とＣ欄にチェックがついた項目すべてに自信を持てるようにすることが、あなたの当面の課題です ・とくにリストの３、５、９、17、19番の項目については、早く自信が持てるように努力しましょう
32～59点	・まだ、どちらかというと運に左右されやすいレベルです ・成績に好不調の波が大きい人は、営業の仕方に偏りがないか、仕事に対する気持ちにムラがないか、殻に閉じこもっていないか、自分自身をしっかりと点検してください	・リストの６、８、11、12、18番の項目でＢ欄またはＣ欄にチェックがついたものは、まず、その克服に力を注ぎましょう ・いまよりも目標を一段階高く掲げて努力しましょう
31点以下	・努力が成績に結びつかないと思うことが多くありませんか？その原因を見つけ、克服することが重要です ・先輩、上司に積極的に助言を求め、仕事の仕方を学ぶとよいでしょう	・もう一度、営業の基本をしっかりと勉強しましょう ・「辛い仕事だ」という気持ちがあるなら、まずそれを捨てる努力をしてください

5 営業とはどういう仕事か

■営業を単なる「ものを売る仕事」と決めつけてはいけない

◆営業と販売はどう違うのか

17ページのリストの1に「営業という仕事を、誰にでもわかるように説明できるか」という項目がありますが、あなたなら営業という仕事をどう説明しますか？

おそらくほとんどの人が、「ものを売る仕事だ」と答えるはずです。営業は業種や業態、あるいは会社の方針などによってやり方はさまざまですが、いずれの場合も、ものを売ることを中心に組み立てられているという点では共通しています。その意味では、「営業はものを売る仕事」と説明することは間違いとは言えません。

しかし、そうすると販売との関係はどうなるのでしょうか。「営業イコール販売である」と言うかもしれませんが、それならば、なぜ、わかりやすく販売と言わずに、わざわざ営業などと呼ぶのでしょう。

それは、営業と販売とは課せられた役割が異なるからにほかなりません。営業も販売も同じ、ものを売ることが仕事の中心ですが、両者はその目的が違うのです。

では、この二つはどう目的が違うのか、ここで考えてみましょう。

ばかばかしいと思うかもしれませんが、これはとても重要な問題なので、じっくり考えてください。と言うのも、この問題には、営業という仕事にどういう姿勢で向かって

◆営業という仕事を理解しよう◆

ここがポイント どの仕事もその目的を理解せずには本当の仕事はできない

営業とはどういう仕事か

▼

ものを売る仕事である

▼

販売も、ものを売る仕事である

▼

では、営業＝販売なのか

▼

そうではない

▼

なぜ、営業＝販売ではないのか

▼

目的が違う

▼

両者の目的はどう違うのか

▼

営業の役割がわかる

▼

営業の本来の仕事の仕方がわかる

いくべきかを理解するためのヒントが隠されているからです。

◆仕事の性格が異なる

営業と販売の違いは、コンビニの店員を例にすると理解しやすいでしょう。

彼らも売ることを主業務にしていますが、営業とは呼びません。販売員とは呼びますが、営業と言うには違和感があります。

それに対して、たとえば自動車のセールス担当者はどうでしょうか。こちらは、セールスとは言っても販売とは言わず、営業と呼ぶのが一般的です。

この違いは、互いの仕事を比べると見えてきます。

- **コンビニの店員**――売るために用意されたものを、買いにきたお客に、指示された方法（マニュアル）どおりに売る
- **自動車のセールス担当**――自分でお客を見つけ、お客に向く商品を選んで薦め、お客を買う気にさせて売る

もうおわかりでしょう。コンビニの販売員は、あらかじめ設定された条件の中で、お客の要求に応えて売るだけです。ところが自動車のセールス担当者は、自分のほうからお客をつかまえ、買う気になるように仕向けていかなければ仕事になりません。

これは極端な例かもしれませんが、販売は受動的・消極的でもよいが、営業は能動的・積極的でなければならない、ということです。同じ「売る」でも、その姿勢はまるで反対で、要するに営業イコール販売ではないわけです。これを間違えると、本来の姿勢を忘れてしまい、受動的・消極的な営業に陥る恐れがあるので注意してください。

◆販売と営業◆

ここがポイント あえて販売と営業を比べると、基本的な姿勢の違いがわかる

コンビニの販売		一般的な営業マン
買いに来るのを待つ	お　客	こちらから見つけに行く
お客が選ぶのを待つ	売る物	お客に向くものを選び、薦める
聞かれなければ何もしない	商品の説明	こちらから積極的に説明する
マニュアルどおりでよい	客への対応	お客に応じて工夫する
話しかけられた場合に応じる	客との会話	こちらから積極的に話しかける
相手の問いかけに答えればよい	客との話題	お客に関心のある話題を用意
お客が選んできたものを売る	売り方	お客に「買う」と言わせる
個人としての設定はない	目標の設定	個々に設定されている
個人としてはとくに必要ない	客との関係	個人的に信頼されることが大切

6 営業の目的とは

■仕事の本当の目的を理解しなければ、本当の仕事などできない

◆売ることだけが営業ではない

同じ「売る」ことが中心の仕事でも、営業と販売とが異なるのは、販売は営業の業務の一部と考えるとわかりやすいでしょう。

そのことは、営業という言葉の意味を見れば理解できます。これは文字どおり、「業を営む」という意味で、「業」はその会社の本来の事業——本業のことです。

本業は定款にその会社の目的として定められ、会社はどこも、その定款の範囲内でという条件つきで営利活動を行ない、利益を獲得していくことが認められています。つまり、本業は会社存続の大前提であって、それを担うのが営業の役割なのです。

ということは、営業の目的は会社の目的と合致することになります。会社は、メーカーにせよ商社にせよ、基本的に製造、流通などによって付加価値を創出し、利益を追求することを目的としていますが、営業の目的もまさにその利益の追求にあるのです。

会社にはいろいろな業務があり、それらを利益の追求という目的を軸にして見ると、次ページのように大きく三つの柱に分けられますが、営業はその中心に位置します。

いわば、営業は会社を背負っているわけで、だから営業には、売るだけでなく、利益を獲得するために必要なさまざまな仕事が求められるのです。

▼付加価値——生産活動などによって新たに生み出された価値のこと。「創出価値」とも言います

◆会社の業務の基本構造◆

ここがポイント 会社の業務は3つの大きな柱で成り立っている

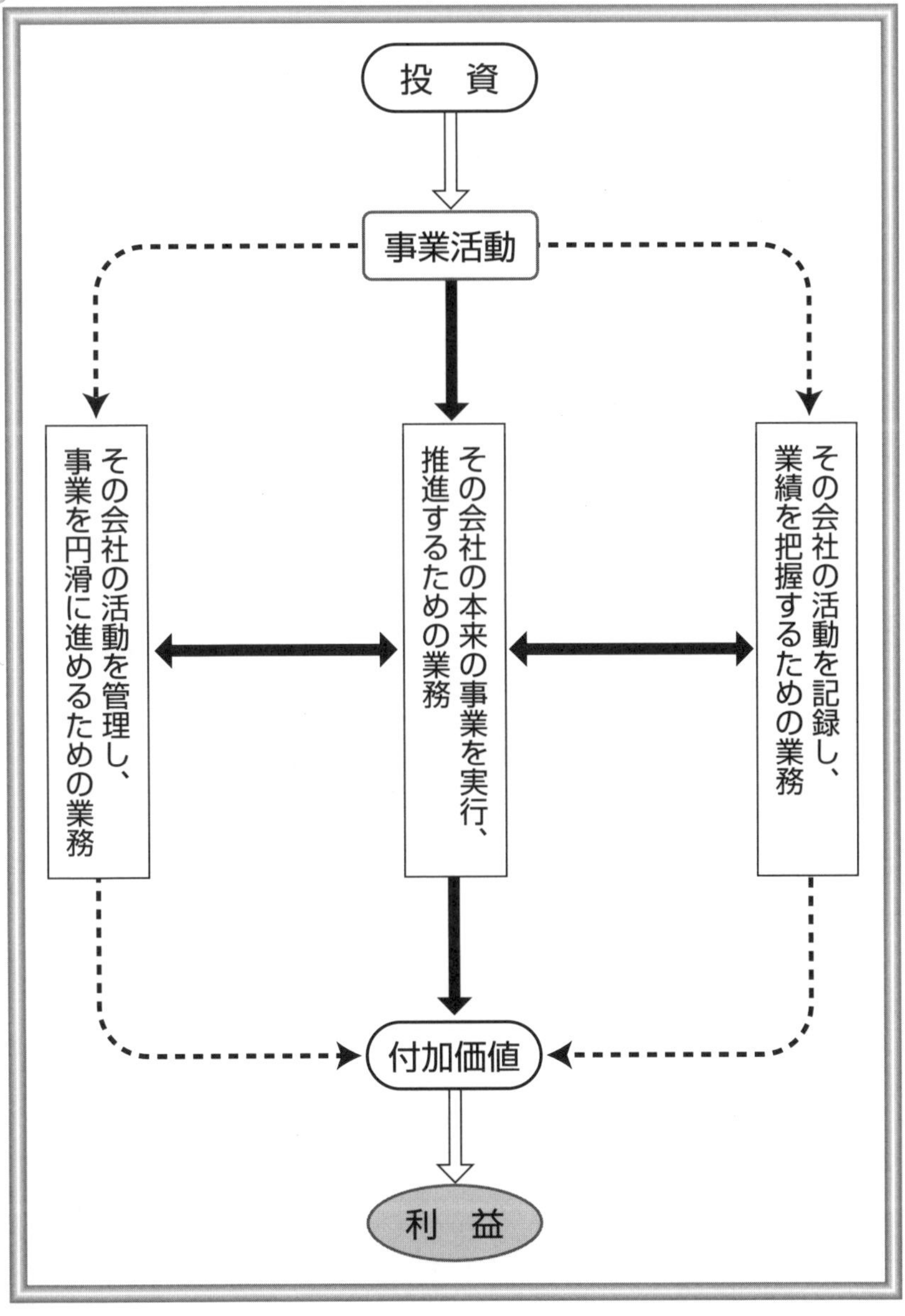

7 営業は過酷な仕事である

■困難を避けていては前に進めないのが営業だ

◆困難にもいろいろある

17ページの2のように、「辛いと思わず営業という仕事を続けていく自信があるか」と問われれば、ほとんどの人が首を傾げるのではないでしょうか。

営業は、会社を一身に背負ってお客にぶつかっていく仕事です。持たされた責任は重く、お客は次から次へと難題をぶつけてきます。まさに、お客の数だけ困難がある。それらに一つひとつ対処しながら会社の利益を確保していかなければならないのです。そういうことを考えると、数ある仕事の中でももっとも過酷な仕事である、と言っても過言ではありません。

次ページは営業のどこが過酷かを尋ね、その目立った答えをあげたものですが、これを見ただけでも、困難にぶつかって孤軍奮闘している営業マンの姿が彷彿とされます。

しかし、難しいからといって逃げていたのでは何も解決しません。ひとつの困難から逃げたとしても、必ずまた次の困難がやってきます。

はっきり言って、困難を避けてはとおれないのが営業なのです。いや、困難を克服することが営業の仕事なのだ、と言ってもいいでしょう。いかに困難を克服するか、営業のノウハウは、すべてそこから発しているのです。

◆営業のどこが過酷か◆

ここがポイント 営業にはお客の数だけ「困難」がある

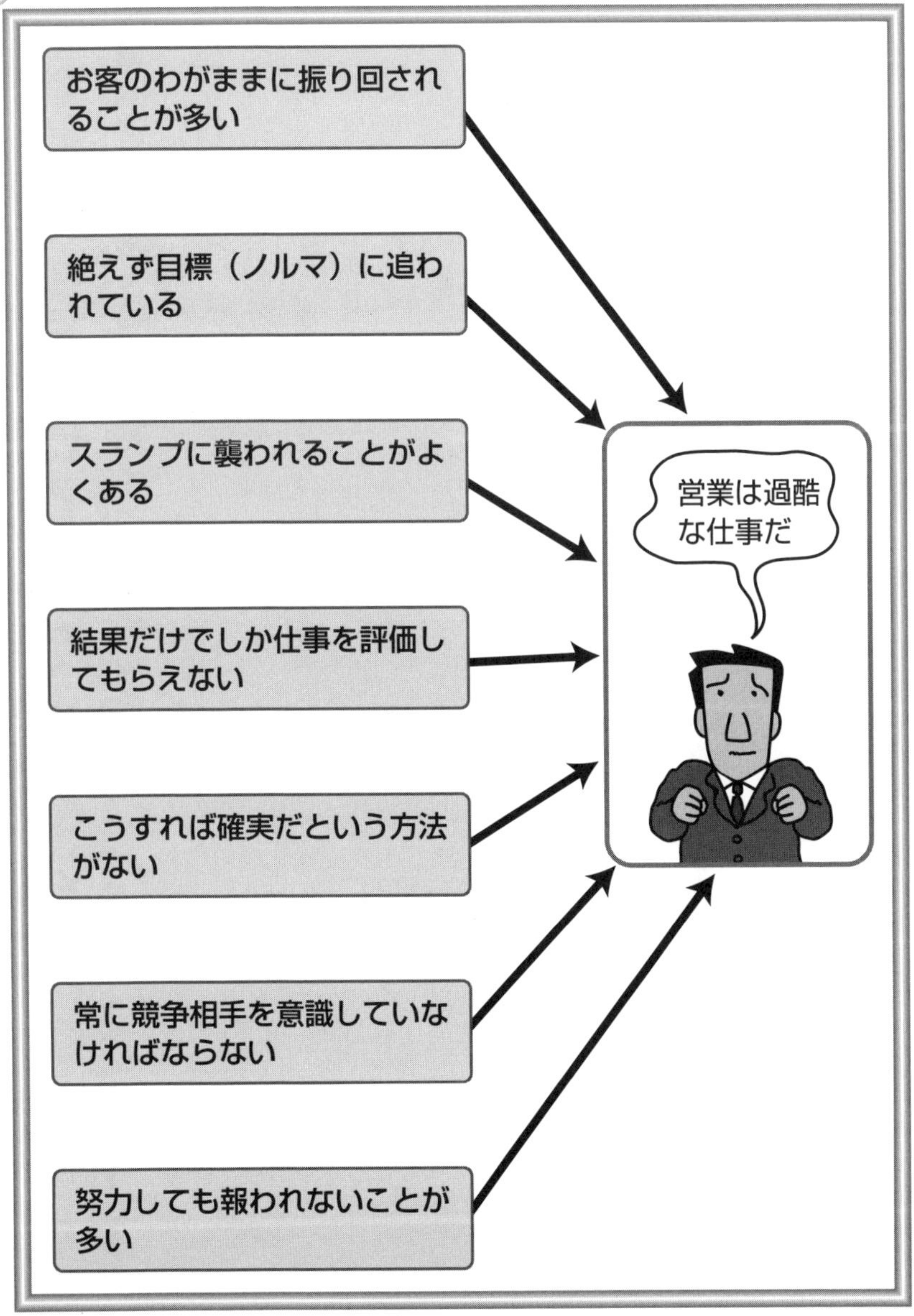
お客のわがままに振り回されることが多い
絶えず目標（ノルマ）に追われている
スランプに襲われることがよくある
結果だけでしか仕事を評価してもらえない
こうすれば確実だという方法がない
常に競争相手を意識していなければならない
努力しても報われないことが多い
営業は過酷な仕事だ

8 根性で困難は克服できない

■間違った根性論は営業マンをダメにする

困難には、どう対処すればよいのでしょうか。

これについて、現場では「困難に強くなれ」と、根性論で指導している場合が多いようです。つまり、「打たれ強い精神力や我慢強さがあれば困難に勝てる。根性でいけ」という論理です。

たしかに、勝つためには強いに越したことはありません。ところが、いくら我慢して勝ったからといって、それで本当に事態は解決するでしょうか。

残念ながら、これは「否」と言うしかありません。そんな根性論を声高に言うその当人に、強くなるための具体的な方法を聞いてみると、おそらく返ってくるのは、「たまたま幸運に恵まれた」などといった他力本願の話がほとんどでしょう。

なぜかと言えば、困難に勝てという論理には次のような間違いがあるからです。

◆根性論の三つの間違い

(1)困難を敵視していること
(2)困難に対して受け身であること
(3)困難を最初から認めてしまっていること

(1)は、困難に対しては勝つとか負けるといった発想は通用しない、ということです。

根性論は営業をダメにする

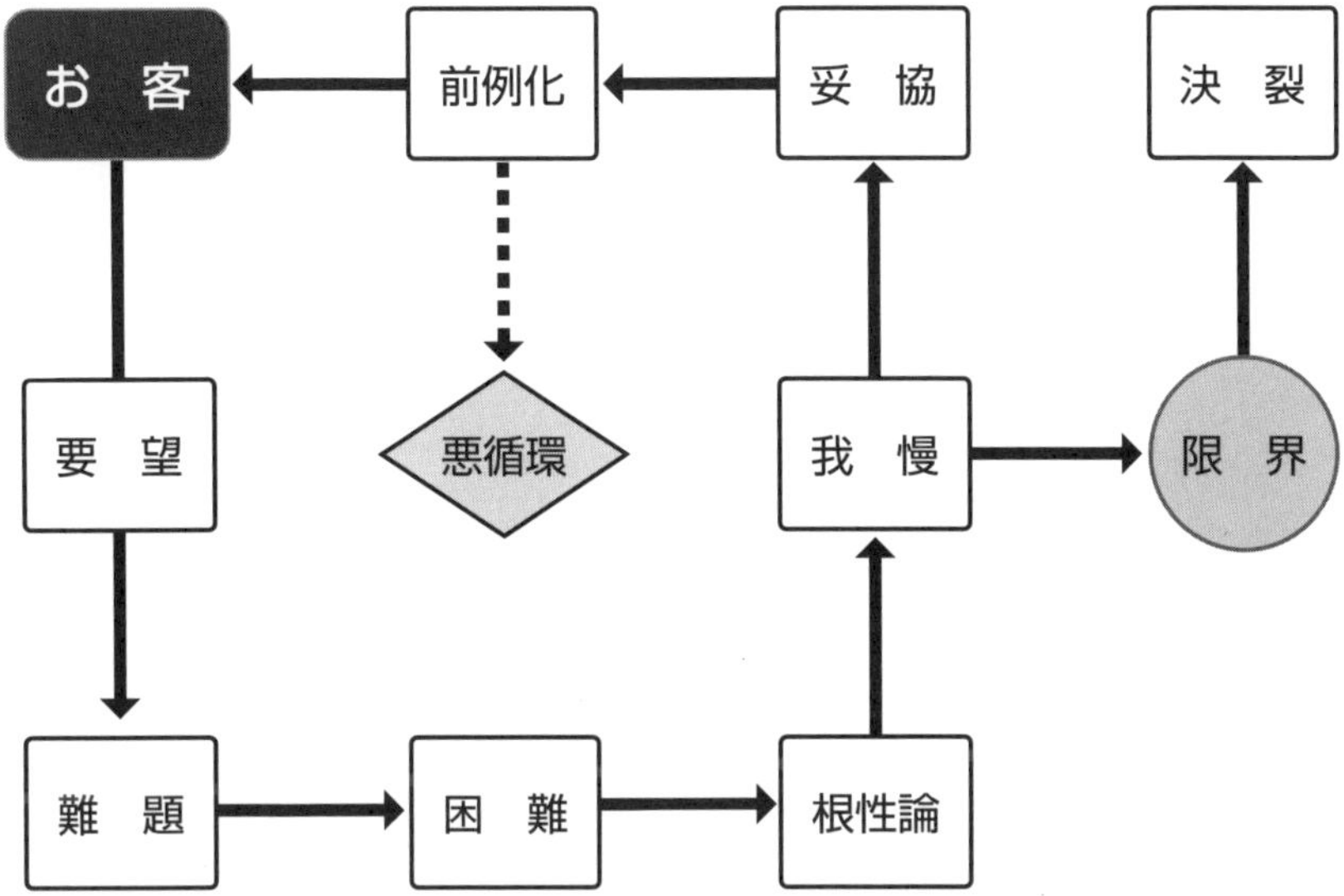

営業の場合、困難の大半は、お客が取引の条件として持ち出してくる要望や要求であると言っていいでしょう。

それを受け入れれば会社の利益に反するし、断ればお客に振られてしまう。利害が反する会社とお客に挟まれて、営業マンとしては辛いところです。難題をふっかけてくるお客を恨みたくなる気持ちも、わからないではありません。

しかし、お客は営業マンをいじめるために難題を出しているわけではないのです。買いたいという気持ちはあるが、いまひとつ迷いがあって決断できない。その迷いを取り払ってもらいたいから、あるいは、どこまで信用してよいかたしかめたいから、いろいろと条件を出してくるのだと考えるべきでしょう。お客の要望や要求は友好条件の提示であると見ることもできるわけです。

それに対して、「勝つ」とか「負ける」などと考えるのは、そのこと自体、営業の姿勢として間違っていると言うしかありません。

◆お客様は神様ではない

(2)は、(1)と逆の意味でよくありません。「打たれ強くなれ」、「我慢強くなれ」というのは「お客がどんなに無理難題を言ってきても断るな」と言っているのと同じです。
「見込みのあるお客を逃がしたくない」という気持ちがそうさせるのでしょうが、最初から「我慢だ」と諦めて相手の言いなりになるのなら、そんな営業など不要と言うしかありません。いくらたくさん商品が売れようとも、過大な値引きや過剰サービスをするなどして利益があがらなければ、それはもう営業とは言えないでしょう。

お客は、敵でもなければ神様でもありません。だから、勝敗を意識したり、卑屈になどなる必要はないのです。

◆後ろ向きの根性論は営業を殺す

(3)の「困難を最初から認めてしまう」ことがなぜ間違いなのかは、困難とは「難しくて困ること」を指すのだと言えば、わかってもらえるでしょう。
「困難に強くなれ」ということは、「困難なのだから、その困難に対して強くなれ」と言い換えることができます。これはまさに対症療法です。初めから「難しい」とか「困ったな」と認めてしまっている。そのうえで「それに耐えろ」と言っているわけで、こ

困難は逃げの姿勢がもたらす幻想にすぎない

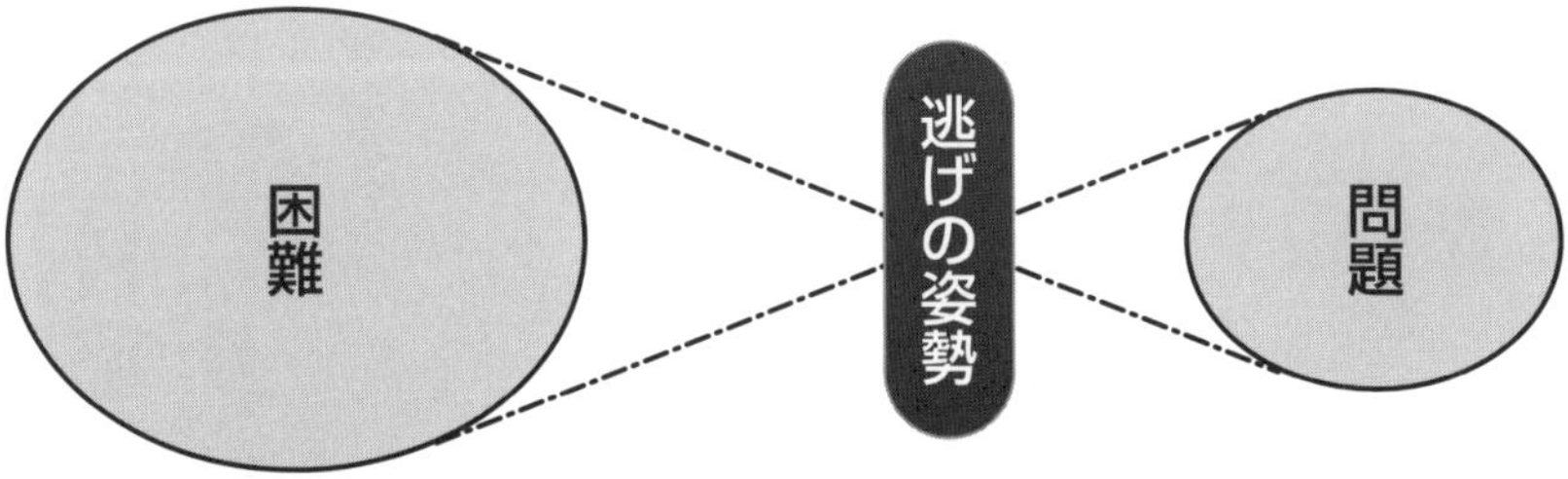

れでは弱腰や逃げ腰になるのも仕方ありません。

営業は、いわば「攻め」を基本とする仕事です。この仕事は、こちらからお客に働きかけ、購買にまで誘導していくことができなければ成立しません。そのためには積極的に解決に向かっていく姿勢が大切なのに、それが弱腰や逃げ腰といった後ろ向きになるのでは、もってのほかです。

困難は、根本から解決しない限り、いくらこちらが困難と思わないようにしたところで消滅しません。最初から困難を認めてしまうような、後ろ向きの根性論などに頼っていたら、結局はお客の言いなりに妥協するか、商談決裂のいずれかに追いやられるのがオチです。そういうのを営業とは言えないでしょう。

一つひとつ問題の解決に努め、そのときそのときに最善と思われる形で解決していくことで営業力は培われ、営業マンは育っていくのです。問題を困難として片づけてしまう後ろ向きの根性論はまやかしにすぎません。それは、営業マンの成長を阻むばかりか、営業の本質を見失わせ、最後には営業マンを潰してしまうだけです。

9 困難はどうやって克服するか

■困難を克服することは成功への唯一の条件

◆困難は意識の問題

もうおわかりでしょうが、困難は特別なできごとやことがらを言うものではありません。これは、あることに対して「難しい」とか「できそうもない」などという気持ちを抱くことを言います。要するに意識の問題です。

意識の問題であれば、有効な克服法はひとつしかありません。それは、「困難を意識しないようにする」ことです。

「意識しないようにする」というのは、「意識しない」ということではありません。難問が発生しても、それを困難とは思わないこと――そもそも、困難などという意識を抱かないようになることを言います。

そのためには、困難というものの性質を理解することが必要です。

◆困難の発生要因

ところで、困難はどういう場合に意識されるのでしょうか。たとえば陸上のハードル競技です。この競技に、まったく経験のないランナーが挑戦した場合を想像してください。ハードルの直前で気がひるんでしまって、急停止するか、ハードルにぶつかるか、あるいはコースを外れてパスするなどして、最後まで快走することはできないでしょう。

困難の発生要因

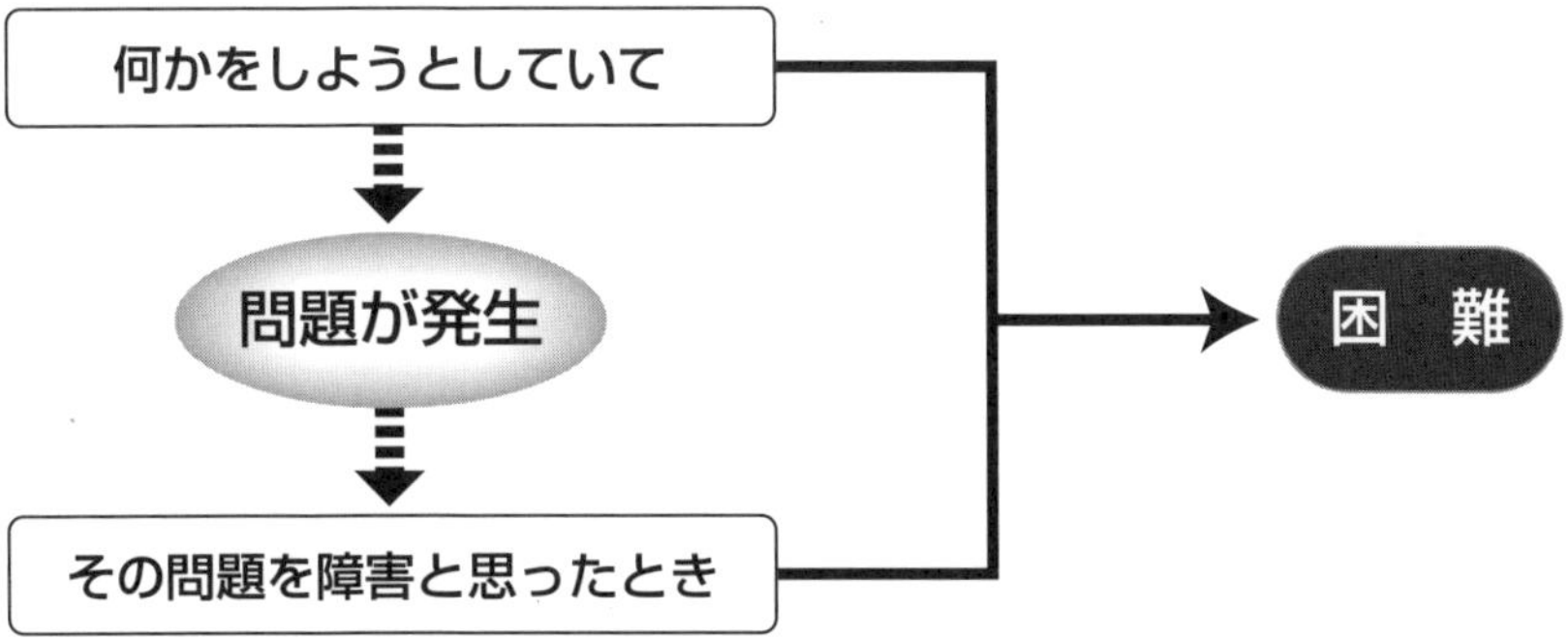

　ハードルの選手は全力でゴールまで快走できるのに、なぜ経験のないランナーにはそれができないのでしょうか。それは、ハードルの選手にはハードルはゴールへのプロセスとして見えるが、未経験者にはそれが行く手を塞ぐ障害に見えることに理由があります。ハードルを障害と思った瞬間、困難を意識し、そのために頓挫してしまったわけです。

　では、そのランナーが挑戦しなかったとしたらどうでしょうか。この場合、彼にとってハードルは障害でも何でもなく、まったく存在しないも同然と言えます。ハードルは、それを跳ぼうとしたときに、初めて彼にとって障害となり、困難として意識されたのです。

　この例からわかるのは、困難は次の要因によって発生するということです。

A　何かをしようとしていて
B　そこに発生した問題を障害だと思ったとき

　この二つが揃わないと困難は意識されない、つまり困難を克服するには、AとBをなくせばよいということです。

しかし、営業での成功を目指す読者の場合、Aは必要条件となるので、ここではBの要因を除去することが課題となります。

◆困難はチャンスと受け取ろう

ここで考えたいのは、ハードルの選手はなぜスピードを落とさずにハードルを跳び越えて走れるのかという問題です。その答えは、彼がハードルを成功への過程として捉えていることにある、と言えるでしょう。

もちろん、始めの頃は彼もハードルを障害と思ったかもしれません。しかし、「難しいから自分には跳べない」などとは思わず、逆に「跳ばなければ優勝という夢は実現できないのだ」と思った。次々に並ぶハードルを一つひとつ跳び越えていく、その先に栄光がある。栄光をつかむには、一つひとつのハードルを確実に、走行を乱さずに跳べるようになるのが課題だ。彼はそう考えて練習を続け、課題を克服したのです。

営業の場合も同じで、お客の難題は障害ではなく、成功への過程として受け止めることが必要です。発想を変えて、開拓課題——仕事を拓き、営業経験を拓き、営業力を拓き、自分の可能性を拓いていくための課題として受け止める。契約を得る機会である、新たな顧客をつかむ機会であるというように、要するに機会として捉えるのです。

困難は受け止め方で楽しみに変えられます。次ページはその発想法の一例を示したものですが、大切なのは「過酷だ」、「難しい」、「面倒だ」、「嫌だ」、「辛い」といった負の気持ちを捨てて、プラスの方向でものごとを受け止める習慣をつけることです。

◆困難克服への5つの発想◆

ここがポイント　嫌がる気持ちが、困難をより困難にする

1　困難は向こうから攻めてくるものではない

↓

自分が目的に向かって進んでいくためのハードルである

2　困難にはどこかに必ず原因がある

↓

まずお客の視線で、自社、商品、自分自身を見つめ直してみる

3　どんな困難も全力を注げば必ず解決できる

↓

本気で考えた解決案なら、お客は必ず納得してくれる

4　困難を解決することが困難を減らす

↓

問題を解決した経験は次へのノウハウとして役立つ

5　困難の解決は、信頼を育てて道を拓く

↓

問題を適切に解決すれば、何よりもまず、お客に信頼される

10 頼みごとの多いお客への対応法

■お客の頼みごとを「嫌だ」と思ったとき、営業マンは転落し始める

◆お客の「だめ」を鵜呑みにするな

17ページの「お客によく頼みごとをされるか」という質問には、「あれっ？」と疑問を抱いた人もいるはずです。営業マンには「お客にものを頼まれるのは、自分が軽く見られているからだ」という意識が少なからずあるようで、そういう意識で見れば、この問いは間違いと思うのが普通だからです。

たしかに、お客にちょこちょこと取引に関係のない用事を頼まれたり、手伝いをさせられるのは、断りにくいだけに辛いものです。そのために時間を奪われ、予定を狂わされたりすれば仕事にならないし、そういうお客を敬遠したくなるのもわかります。

しかし、営業がお客を避けてどうなるというのでしょうか。営業の仕事はお客あってのものです。それを、面倒だなどといって敬遠していたのでは話になりません。

営業は、どんな場合でも――たとえ「もう来るな」と引導を渡されたとしても――本当にだめとわかるぎりぎりまで、お客から逃げてはいけないのです。

なぜか、はおわかりでしょう。お客が、いつチャンスを与えてくれるかわからないからです。断られても断られてもしつこく訪問し続けて、もうこれで最後と思って行ったら契約がもらえたという話は、営業の世界にはそれこそゴマンとあります。お客の「だ

◆コミュニケーションと頼みごと◆

ここがポイント 頼みごとは営業コミュニケーションのプロセスで重要な位置を占めている

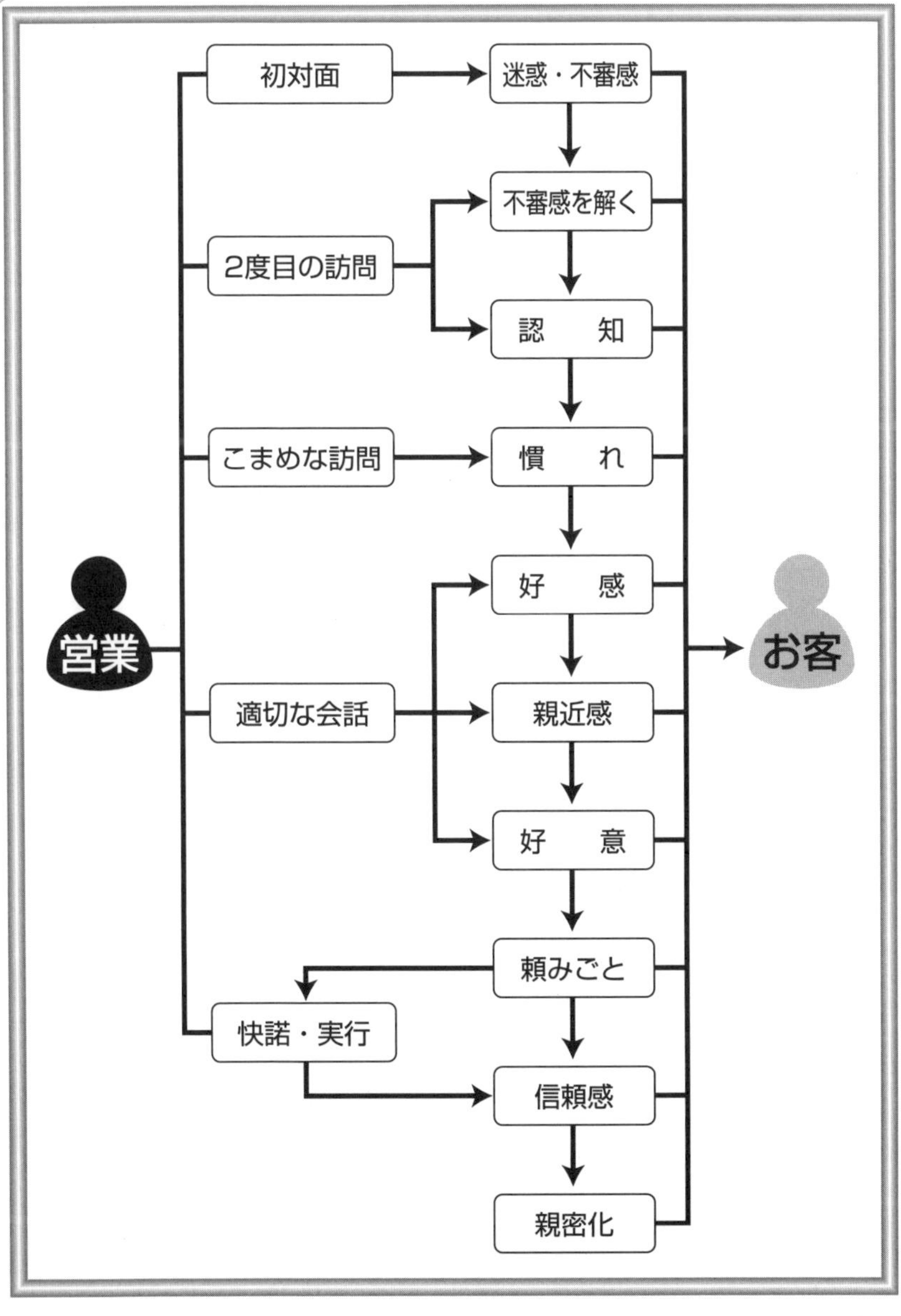

め」ほど鵜呑みにしてはならないものはない、と心得ておきましょう。

◆どうせやるなら気持ちよく

では、お客の頼みごとに対してはどう対応すればよいのでしょうか。

この場合も、大切なのは、頼みごとをされることは自分のためになるのだというように、発想をプラスの方向へ切り替えることです。

これは、次のように考えていくとよいでしょう。

(1)ものを頼まれることを「嫌だ」と思う気持ちをなくす

(2)なぜ、ものを頼まれるのか、そのプラスの意味を考える

(3)頼まれた用事を、自分の仕事として考える

人は、信用できないような人には頼みごとをしない。頼みごとをするのは、頼みがいがあるからだ――そう考えれば、頼みごとをされても悪い気はしないでしょう。

お客には「信用できる人間と取引をしたい」と考えて、どこまで信用できるか試すために頼みごとをする人もいます。わざと面倒なことを頼んで、どこまで熱心にやってくれるかを観察し、合格と判断したら徹底的に信用して大きな取引をしてくれる――経営者のお客にはそういう人も少なくありません。

それに、頼みごとはお客とコミュニケーションを深めるチャンスにもなるし、いろいろと自分の勉強にもなります。いずれにせよ、頼みごとは快く応じるに越したことはありません。もし頼みごとが多く、予定を狂わされて困るというお客がいるのなら、始めから「ここでは頼みごとがある」と予定に入れて訪問すればいいでしょう。

◆頼みごとへの発想法◆

ここがポイント　お客の頼みごとは快く積極的に引き受けたほうが得である

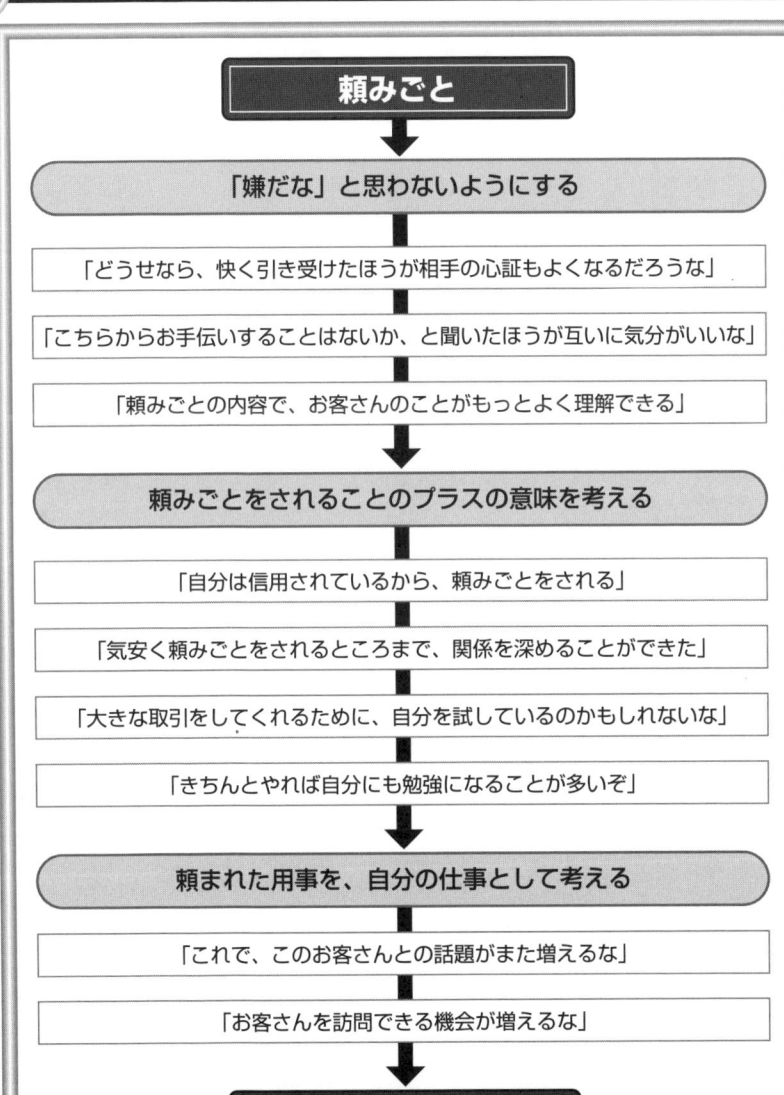

頼みごと

↓

「嫌だな」と思わないようにする

「どうせなら、快く引き受けたほうが相手の心証もよくなるだろうな」

「こちらからお手伝いすることはないか、と聞いたほうが互いに気分がいいな」

「頼みごとの内容で、お客さんのことがもっとよく理解できる」

↓

頼みごとをされることのプラスの意味を考える

「自分は信用されているから、頼みごとをされる」

「気安く頼みごとをされるところまで、関係を深めることができた」

「大きな取引をしてくれるために、自分を試しているのかもしれないな」

「きちんとやれば自分にも勉強になることが多いぞ」

↓

頼まれた用事を、自分の仕事として考える

「これで、このお客さんとの話題がまた増えるな」

「お客さんを訪問できる機会が増えるな」

↓

関係の深化

11

お客に自分の何を見せるか

「売り込む」自分でなく、「買われる」自分になれ

◆自分を売り込むのは危険

「営業は自分を売り込むことが大切だ」とよく言われます。商品や自分の会社を売り込むのも大切だが、それよりもまず、営業マン自身を売り込めという考え方で、その論法は次のようなものです。

①営業は結局、営業マン個人の力量にゆだねられる
②競合会社に勝って契約を取るには、営業マンがお客に認められることが先決
③お客に認めてもらうためには、自分を積極的にアピールする必要がある

営業の世界はまさに競争社会そのものと言えます。一人のお客には、自分のほかにも何社かの競合会社の営業マンが攻め込んでいるはずです。どこの会社も、お客にすればほとんど差がなく見えるものを売り込んでいる。そういう中で他社に抜きん出るには、営業マン自身がお客に気に入られることが必要なのは、たしかにそのとおりです。

しかし、これには大きな問題があります。それは、「自分を売り込む」という言い方は、ひとつ間違えると、お客の気を引くことだけに意識が向いてしまい、肝心の商品を売ることがおろそかにされる危険性があるということです。そのため、できもしないのに安請け合いをしたり、その場しのぎの出まかせを言う。あるいはお世辞を乱発するな

ど、調子よくふるまう。現実に、そういう営業マンは少なくないと言います。

◆自分の価値を示せ

お客の中には調子のいい営業マンを好む人もいます。その意味では、お客に取り入れば営業になると思うのも、わからないでもありません。しかし、そういうお客は、営業マンの弱みを利用してつけこんでくる恐れがあるし、取引をしてもトラブルを引き起こさないとも限りません。

ここで忘れてはいけないのは、取引相手として信用でき、自社の利益につながるお客をつかむという営業の基本原則です。そして、そういうお客は、冷静に営業マンを見ており、スタンド・プレーなどすぐに見抜いてしまうものだということです。

人は、気に入られようとして接近してくる人を本能的に警戒します。だから、売りに来たとわかると、反射的に「買わないぞ」と思うのが普通です。だから、スタンド・プレーをしても、結局は次のように逆効果になるだけでしょう。

・目立つことをしても、面白いやつだと思われるだけで、信用は得られない
・お世辞やお追従など調子のいいことを言う人間は、軽佻浮薄と取られやすい
・安請け合いは相手を怒らせるし、いくら弁解しても怒りを増すだけである

大切なのは営業としての仕事ぶりです。仕事の仕方を見て、お客は「こいつなら信頼できる」と評価し、認めてくれる。「自分を売り込む」ということは、要するに、自分をセールスすることなのではなく、相手が「この人からなら買ってもよい」と思うような価値を示すことなのです。そして、この価値を「営業マンの品質」と言います。

▼**営業マンの価値**――商品にそんなに差がない場合、お客は営業マンを見て選択するとされています。お客にすれば、同じようなものなら、信頼できる、気に入った営業マンから買ったほうがよいということです。
逆に言えば、どれだけ多くのお客に気に入られるかで営業マンの価値は決められるわけで、これを「営業マンの品質」と言います

12

営業マンの品質とは何か

■いかにみずからの品質を高めていくかで、これからの営業マンの勝敗は分かれる

◆五つの基準

前項の営業マンの品質とは、具体的にどういうものを言うのでしょうか。これは、商品や購入条件だけでは選択が困難なときにお客が判断のよりどころとするものなので、買う側に立って考えればわかるはずです。

(1)自分をほかの客と公平に対してくれているか
(2)買う側の立場（利害）をまじめに考えてくれているか
(3)仕事に誇りをもって打ちこんでいるか
(4)態度や言い方に誠意や熱意が感じられるか
(5)売っている商品への愛情が感じられるか

少なくとも、この五つが基準とされるのは間違いないでしょう。と言っても、よく見ればわかるように、これらは営業という仕事の基本そのものでもあります。つまり、営業マンの品質は、営業の基本をどれだけきちんと実行しているかで決まるわけです。

お客が営業マンの品質を見て選ぶという傾向は、市場主導型のこの時代、今後ますます強まっていくでしょう。品質などと言われると抵抗を感じるかもしれませんが、営業マンとして成功するためには、みずからこの品質を高めていく努力が大切なのです。

◆営業マンの品質の意味◆

ここがポイント 商品価値に差がなければ、お客は営業マンの品質を見て商品を買う

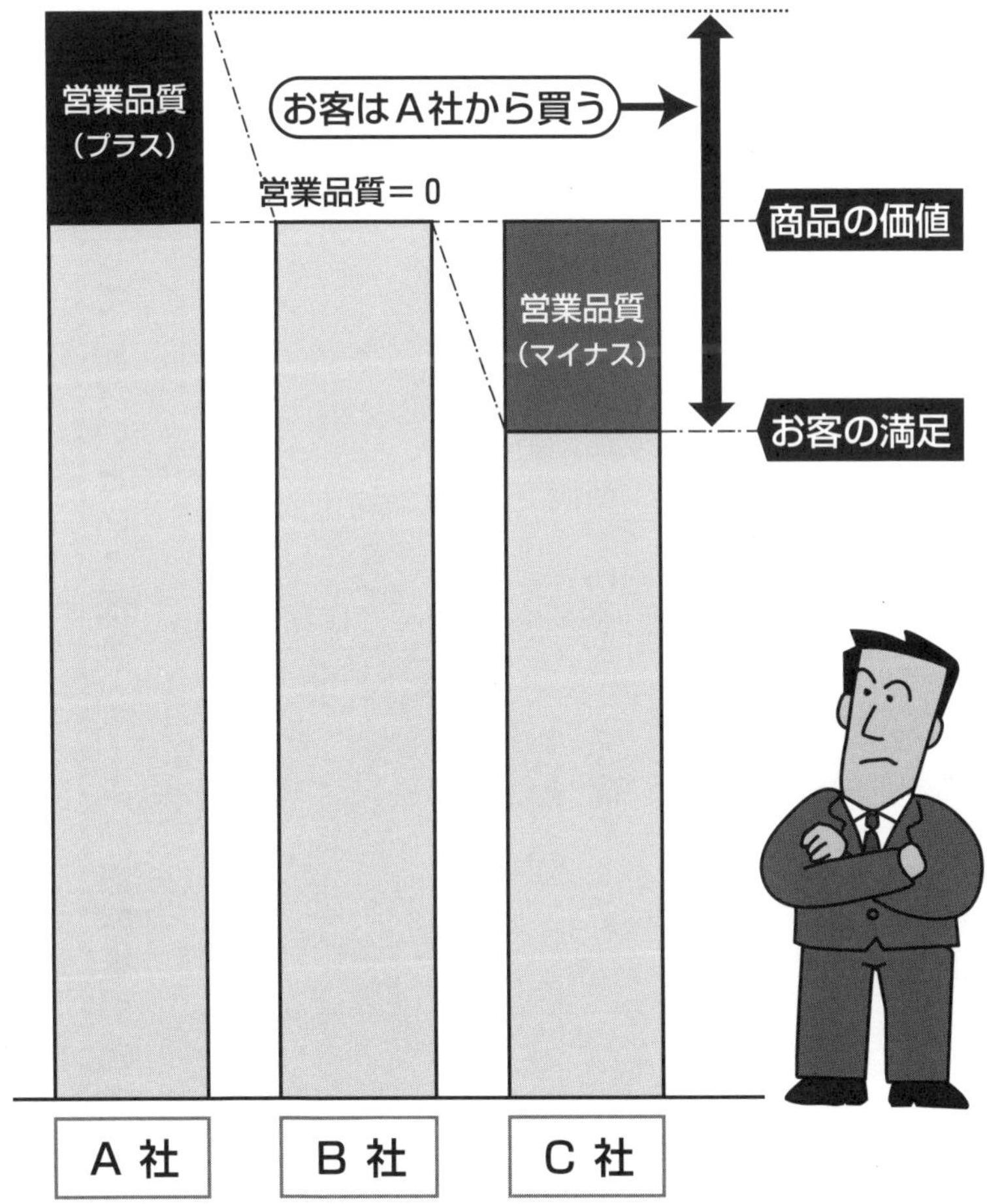

13 営業マンの「誇り」とは

■間違ったことをしていないという信念が、よいお客を引きつける

◆自覚と決意

前項の(3)に「仕事に誇りをもって打ちこんでいるか」とありますが、これは営業マンの心構えとしてとくに大切です。

誇りというと「一流企業である」とか「一流ブランドである」というようなことだと思う人もいるかもしれませんが、ここで言うのはそういうレベルではありません。もっと根源的なもので、次のような信念（自覚と決意）を持って自分の仕事に向かっているかどうか、ということです。

- **自分はこの仕事によって人（あるいは社会）の役に立っているという自覚と、これからも役立っていくという決意**
- **自分はお客を騙したり、裏切るようなことはしていないという自覚と、これからもそういうことはしないという決意**

つまり、「いつも正々堂々と仕事をし、そのことに誇りを持てるようになれ」ということです。

誇りは、それが本物であれば、おのずとお客に伝わります。そして、お客の信頼を得る源泉になってくれます。

◆誇りある営業マンは信頼度が高い◆

ここがポイント 正しい意味の誇りは無言のコミュニケーション・ツールになる

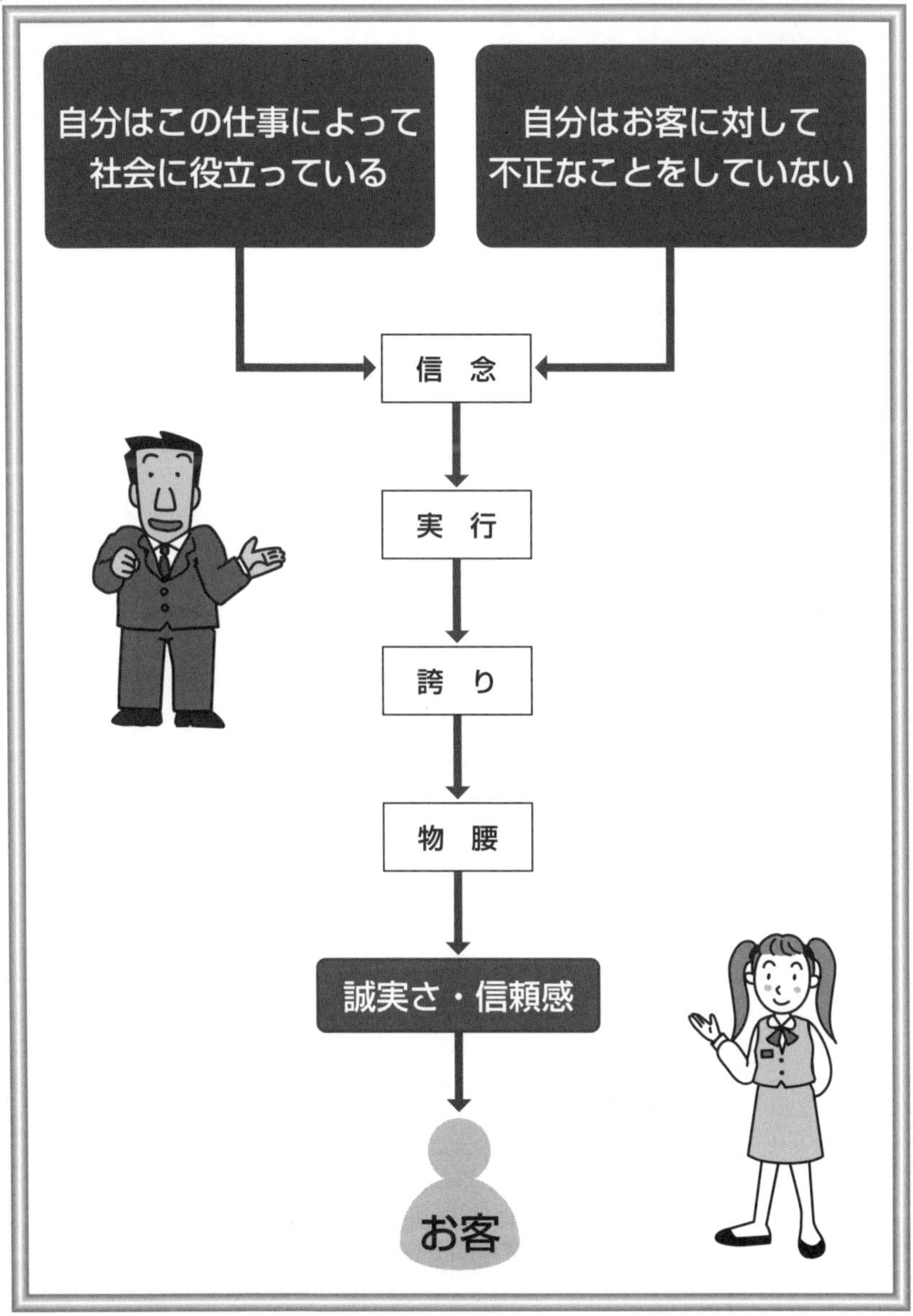

14 営業マンの信用の原点

■営業は「買わせた」ということで、お客に対して商品の責任を持つ

◆ロボット営業をするな

前項で述べたことを言い換えれば、営業マンの誇りの原点は、よいと確信するものを、間違っていないと確信する方法で売ることにある、ということです。

それを実行し続けていくことが「誇りを持つ」ことになるわけですが、これは簡単なことではありません。よいと確信するものを売ると言っても、営業マンが自由に売るものを選べるのではないし、売り方も必ずしも自分が納得できる方法が取れるとは限りません。会社に指示や命令されたものを、会社の方針にもとづいた方法で売るというのが、わが国の大方の営業の実態だからです。

だからと言って、言われるままに営業をしてよいということにはなりません。「これを売れ」と言われたものを、「ここへ行け」と言われたところへ行き、営業マニュアルどおりの売り方を繰り返すだけというのでは、ロボットと言うしかないでしょう。

営業は人間が人間を相手にする仕事です。人と人の信頼関係を土台にした仕事です。いくら会社の命令で売るのであっても、お客を買う気にさせて売った限り、売ったものについての責任は営業マンにもあります。

逆の言い方をすれば、責任をもってその商品を「よい」と薦めてくれるから、お客は

その営業マンを信用し、買ってくれるのです。お客のその期待にしっかりと応えることこそ、営業マンの信用の原点と言えるのではないでしょうか。

◆商品を自分の目で検証する

営業マンといえども会社勤めの身である限り、いくらよいと思えないからといって、会社から指示された商品を「売らない」と拒否するわけにはいきません。そもそも、その会社の商品や製品を売ることを条件に雇用されたのです。それを「売らない」というのなら、会社を辞めるしかありません。

この場合、大切なのは、会社が用意した商品の説明を鵜呑みにはせず、自分自身の目で次の点を検証することです。

①その商品自身の長所、短所を洗いざらい調べあげる
②同レベルの類似品と比べてどこが長所でどこが短所か具体的に調べる
③客層ごとに、その客層にとってその商品のどこが利点でどこが欠点か調べる
④のちのちクレームになるような欠陥や問題点がないか、念入りにチェックする

これは、一人で調べても限界があります。普段からメーカーや製造部門などの人たちと人脈を保っておいて、定期的に情報を得るようにするとよいでしょう。

そして、これらの結果をもとに売る価値があるかどうか検討し、「売ってもよい」と判断したら、よい点だけでなく短所や欠点も隠さずに含めて、お客にどう説明するかまとめます。反対に「売れない」と判断したら、会社にその問題点を伝えて改善を求めましょう。どうすれば自信を持って売れるものになるか提案することも、営業の仕事です。

▼客層――お客（市場）をその特性や属性によってグループ分けしてとらえることを「マーケット・セグメンテーション」と言いますが、「客層」はそうして分割されたグループをさすものです

15 スランプとはどういうものか

■スランプと思っていても本当はスランプではない場合がある

◆二つのタイプ

営業マンにはスランプはつきものだと言われます。あなたもこれまでに何度かスランプに陥って悩んだ覚えがあるでしょう。

あるとき、パタッと成績の伸びが止まる。いつもと違ったことをしたわけではないのに、契約が取れない。原因を考えても、これという心当たりはない。打開するためにいろいろと試みたけれど、何をしても好結果に結びつかない——スランプはおおむねこういう状態です。

怖いのは、これがいつ回復するか、まるでわからないことです。しかも、焦れば焦るほど悪循環に陥り、ますます症状を悪化させてしまう恐れもあります。

この原因についてはいろいろ言われていますが、どうもはっきりとしません。ただ、筆者の経験から言えるのは、これは真性のものと仮性のものに分けて考えたほうがよいのではないか、ということです。

次ページはその違いを整理してみたものです。これを見ると、同じスランプと言っても真性スランプと仮性スランプは症状や原因が異なる別のもので、この二つを混同して対処しないほうがよいということがわかります。

◆真性スランプと仮性スランプ◆

ここがポイント　スランプは真性と仮性のどちらかによって対応法を変える必要がある

真性のスランプ	仮性のスランプ
・どちらかといえば、仕事が順調で成績が伸びているときに襲われるケースが多い	・成績がふるわず、仕事に嫌気がさしているときに襲われるケースが多い
・これといったトラブルはなく、別に何の問題もない場合が多い	・発生する前に人間関係のもつれや仕事のミスなど、何らかのトラブルを起こしている場合が多い
・ヤル気が十分なのに起こる場合が多い	・仕事への集中力をなくしている場合が多い
・成績が落ち込むのではなく、伸び悩むという形で現れるケースが多い	・成績が前よりも落ち込むという形で現れるケースが多い
・悩み、焦り、さまざまなことをして、スランプからの脱出を試みる傾向が強い	・どちらかといえば「スランプだから仕方がない」といったあきらめムードが強い傾向がある
・仕事に向かう姿勢が積極的なタイプ、いつも何か工夫しているようなタイプの人に目立つ	・仕事に向かう姿勢が消極的なタイプ、惰性で仕事をしているようなタイプの人に目立つ
・社内にいるよりも、外出していることが多い人に目立つ	・お客を訪問することが少なく、デスクワークの多い人に目立つ
・自分は営業に向いていると思いこんでいる人が目立つ	・営業に適性があるか疑問を抱いている場合がある
・会社や上司に不満や不信があっても、それほど深刻に思っていないケースが多い	・会社や上司に不満や不信感を抱き、それにこだわっているケースが見られる
・家庭や健康にとくに問題をかかえてはいないのに起こる	・家庭や健康に問題をかかえている場合がある

16

スランプにはどう対処するか

■スランプは克服するものではない、待つものである

◆仮性スランプはスランプではない

仮性スランプは、スランプと言われている症状のうち、次のような特徴が見られるものを言います。

・背景に、仕事や人間関係、家庭、健康など何らかのトラブルが存在する場合が多い
・直接的には、自信喪失、仕事への嫌気など逃避的な心理が原因している場合が多い
・症状として、営業成績が下降線をたどっているケースが目立つ
・スランプ状態からの脱却に消極的である場合が多い

もうお気づきのように、これらの特徴は仕事に意欲を失ったときに見られるもので、本来ならスランプとは言いません。

したがって対処法も異なります。仮性スランプでは、ヤル気をなくした原因を解決することが先決で、そのうえで仕事への自信の回復に努めることが大切です。このケースは、放置しておくと長期化し、悪化する恐れがあります。おかしいと思ったらすぐに先輩や上司に相談するなどして、早めに対処しましょう。

◆飛躍するためにスランプがある

真性スランプはいわゆる一般で言うスランプのことで、これには次のような特徴が見

られます。

・背景に何もトラブルがないときに起こることが多い

・意欲的に仕事をし、営業マンとして確実に成長している人に起こりやすい

・始めのうちは成績の伸び悩みを示すが、長期化すると下降線をたどり始めるというケースが目立つ

・必死にスランプ状態から脱却しようとするケースが目立つ

・スランプ状態から脱却しようと焦ってもがくほど長期化する場合が多い

真性スランプがどういうものなのかは、たとえば左の図のように階段の段差を歩いている場面をイメージして考えるとわかりやすいでしょう。

ある段の水平面をA地点からB地点まで順調に歩いてきたあなたは、ここでいきなり

スランプのイメージ

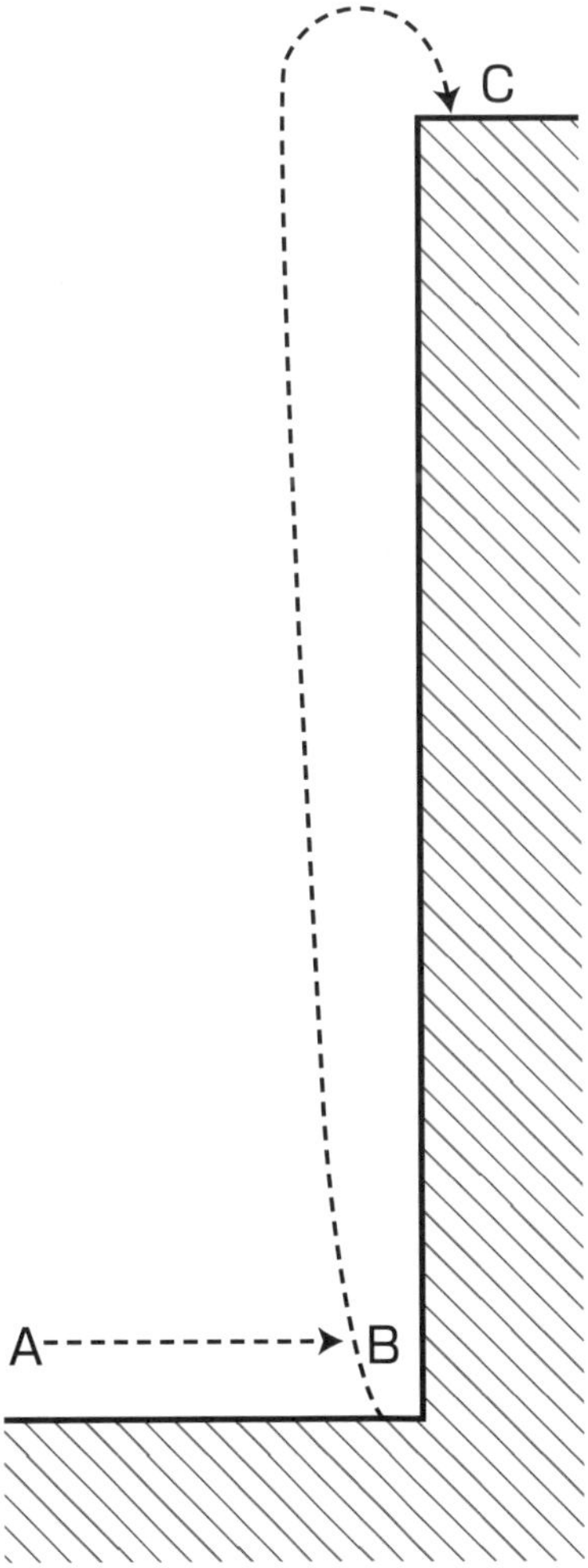

断崖絶壁に突き当たり、前へ進めなくなってしまった。この絶壁をよじ登れば次のステップのC地点へ進めるものの、まだそれだけのエネルギーが蓄積されていないため、停滞を余儀なくされている。それがスランプの状況だと考えてみてください。

そう考えると、ここでじたばたしてもムダなことがわかるでしょう。いままでのように歩き続けようとしても壁にぶつかって一歩も前へ進めないし、絶壁をよじ登ることもできません。頑張れば頑張るだけ、エネルギーを浪費してしまいます。

実は、そうやってじたばたすることこそ、スランプを悪化させる元凶なのです。

◆スランプは成長している証拠

スランプとは、生物が成長していく過程で起こる、変態や脱皮のようなものだと考えるとよいでしょう。

前ページの図で言えば、あなたはA地点からB地点まで前進し続けてきたから壁に突き当たった。もし途中でとまってしまったなら、B地点には到達できません。あなたはB地点まで努力して歩き続けた、つまり営業マンとしてあるレベルの到達点まで成長したから、次へのステップ・アップという変化を求められたのです。

昆虫も変態する時期になると、サナギになって、じっと動かずにその変化が来るのを待ちます。スランプもそれと同じである、と思えばいいのです。

サナギは下手な動きをすれば死んでしまうことを知っています。だから、ぴくとも動かずに羽が生えるのを待つ。それと同じように、いまは次に飛躍するための準備の期間だと頭を切り換えて、次に備えて待つのです。

◆スランプの対処法◆

ここがポイント　スランプのいい解消法はスランプを悩まないことである

スランプをリラックスした気持ちで受け止める

「ついに来たか」と、楽観的に受け入れる

「自分が営業マンとして成長している証拠だ」と考える

サナギになったつもりで、静かに羽化を待つ

「成績」「成約」「目標達成」などといった焦りの原因になる雑念を追い払う

どうせわからないのだから、原因など考えない

どうしたら脱却できるかなどと考えない

しばらくの間、仕事は新規客への飛び込み訪問を集中的に行なう

具体的な商談は後日のこととして、いまはとにかく名前を売りこんでおく

スランプ脱出後にそれらのお客にどう働きかけるか、いろいろと戦略を練ってみる

徹底的にマニュアル営業に徹してみる

この機会に営業の基本を復習しておく

17 失敗を恐れては営業はできない

■失敗をお客のせいと思ったとき、営業マンはその資格を失うと考えよう

◆どんな努力もお客に伝わらなければ意味がない

営業の仕事は人と会わなければ成り立ちません。人と会って話す。それもただ話すだけではなく、相手にこちらの売りたいものを買う気持ちにさせ、実際に買わせるという目的があります。つまり、お金を出してもらわなければ営業にならないわけです。

もちろん、お客はそう簡単に財布の紐を緩めてくれません。だから何度も通う。邪険にされても通いつめ、さまざまな営業テクニックを駆使してお客を何とかその気にさせようと努める。それが営業の基本的な仕事です。

ところが、そうして何度も訪問して「いい線まできた」と思っていたお客を、後からやってきたよその営業マンにポンと持っていかれてしまうということが、実際にはよく起こります。

その場合、たいがいの営業マンは「お客に騙された」と言って憤慨し、それで片づけてしまっているようですが、これは大間違いというものです。

お客にすれば、営業マンが勝手にきて「買ってくれ」と言っているだけのこと。いくら何度も訪問されようと、その営業マンから買わなければならない義理などないわけです。誰から買おうとお客の自由なわけで、それを「騙された」などと非難するのは、営

業マンとして失格と言われても仕方がないでしょう。

と言うのも、営業には次のような基本原則とも言える鉄則があるからです。

(1)営業は、どんな場合だろうと、失敗をお客のせいにしてはいけない

(2)失敗は、まず自分に原因があると考え、その原因を見きわめて正す

(3)そして、二度と同じ失敗を繰り返さないように努力する

なぜ、後からきた他社の営業マンに簡単にお客を奪われるようなことが起こるのか。

これには、商品の品質や販売条件の違い、あるいは会社の評判なども考えられます。しかし、それらに大きな違いがないとすれば、結局のところ、後からきた営業マンのほうが自分よりもお客には新鮮で好ましく思われたから、ということになるでしょう。

話し方が悪かったのか、態度に問題があったのか、服装がよくなかったのか、何らかの理由で、そのお客はあなたから買ってもよいという気持ちになれずにいた。そこへ新しい営業マンがやってくれば、当然、お客はあなたと彼を比較します。そして、後からきた営業マンをろくにたしかめもせず、あなたにある欠点が見られなければ、ただそれだけで彼をいいと思ってしまう——こういうことは、実はとても多いのです。

これを不平等と嘆いても、仕方ありません。それよりも、自分のどういうところがお客の心を開けなかったのか、それをチェックすることです。

誰でも失敗はします。しかし、失敗に学ぶ人はあまりいません。成否を分けるのはそこです。失敗を恐れ、防ぐことに汲々としても、明日にはつながりません。明日を拓くには、どんどん失敗し、どんどんそれから学んでいくことが大切なのです。

18 マナーは営業マンの最低条件

■お客は、自分をその他大勢としていい加減にあしらわれるのをもっとも嫌がる

◆常に初めての訪問のつもりで行こう

失敗は許されると言いましたが、もちろん許されない失敗もあります。それは、挨拶とか、態度、言葉づかい、服装などといった、営業としての基本的なマナーができているかどうかという問題です。

マナーについてはすでに厳しく教わっているでしょうから細かくは説明しませんが、少なくとも次の三つはもっとも基本的な心構えなので、忘れないようにしましょう。

(1)自分の訪問は基本的にお客には迷惑なのだという意識を忘れない

(2)他人に違和感を与えない、清潔感のある身だしなみを心がける

(3)売り手とお客という立場の違いをわきまえた、節度のある応対を心がける

次ページはお客が「こういう営業マンからは買わない」というものをまとめたものですが、これらはすべて初心を忘れたために起こるものだといってよいでしょう。

大切なのは、何回目の訪問であろうと、常に、初めて訪問するときのように気持ちを引き締めて臨むことです。営業マンにはお客はワン・ノブ・ゼムと思えても、お客にとってあなたはオール・オワ・ナッシングなのです。お客は自分をその他大勢としてあしらわれるのを嫌います。だから、どの場合もマナーを忘れてはいけないのです。

▼お客の目――ある調査では、営業マンを見るお客の目は次のようなウエイトであるとされています

①服装など外観　60％
②態度や動作　20％
③話し方　15％
④説明の中身　5％

◆お客が嫌がる営業マンの態度◆

ここがポイント　これらのうち身に覚えがあるものが5つ以上ある人は基本を見直そう

	アポイントなしで訪問すること
	電話をしておきながら自分から名乗らないこと
	電話で相手の都合を聞かないで話し始めること
	約束の時間に遅れること
	挨拶をするタイミングが悪いこと
	コートを着たまま屋内に入ること
	汚れたり、破損した名刺をお客に出すこと
	お客の名刺を片手で受け取ること
	お客の上座に座ること
	動作が緩慢なこと
	面談中に足組みや腕組みをすること
	相手を見下すような言動をすること
	部屋をきょろきょろと見回すこと
	慣れなれしい態度をとること
	面談中に貧乏ゆすりをしたり、頭をボリボリかくこと
	面談中にキーホルダーなどを手でもてあそぶこと
	流行語や若者言葉、俗語を使うこと
	必要以上に専門用語や社内用語、外国語を使うこと
	相手の言うことをよく聞かずに一方的に話すこと
	否定的な言い方をすること
	お客が持ち出した話題を無視すること
	お客の話を最後まで聞かず、話題を変えること
	知ったかぶりをすること
	押しつけがましい言い方をすること
	わけしり顔をすること
	素直に謝らずに弁解ばかりすること
	用件が終わってもムダ話をして長居すること

2章

開拓型営業の活動基準

バランスの取れた営業には秘訣がある

19 営業の基本的な義務

■営業マンがしなければいけないことは、より多くのお客を確保すること

◆二つの車輪

営業という仕事の中核は「売ること」にあります。メーカーであれば製品を、流通・販売業であれば商品を、サービス業ならサービスを、「売る」ことで利益を得て会社の発展に貢献することがその使命です。

会社がより大きく発展していくにはより多くの利益が必要で、それを得るにはより多くの商品を売る必要があります。

しかし、売ることは買うことがなければ成り立ちません。つまり、お客がいなければ営業は成立しないわけです。したがって、営業の最大の課題は、いかにしてより多くのお客をつかんでいくか、ということになります。

そのためにはどうすればいいか。あえて言うまでもなく、その方法は次の二つしかありません。

(1)これまでに確保したお客を手放さないこと

(2)新規のお客を増やしていくこと

これはクルマの両輪のようなもので、両者を確実に回転させないと営業も会社も存続し得ないということです。その意味で、これは営業のもっとも重要な義務と言えます。

◆営業の課題◆

ここがポイント いかに確実に売上を伸ばし、利益を増やしていくかが営業の課題

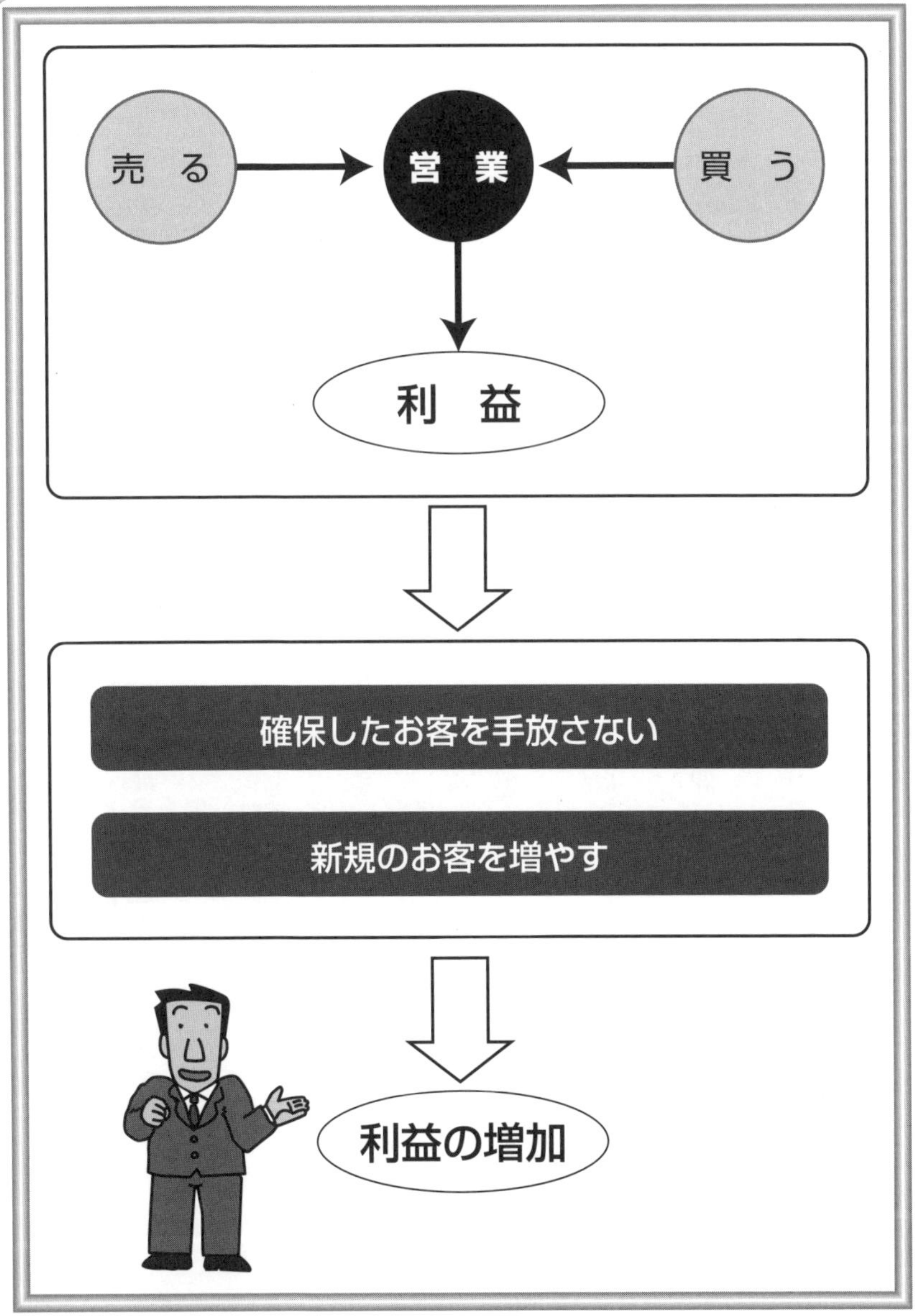

20 お客の本質とはどういうものか

■お客は利を求めている。お客のその利に応えることが営業の要

◆お客は経済人そのものである

既存客を逃さず、さらに新規客を増やしていけば、お客が増えるのは当然と、誰でも思うでしょう。しかしそれがそう簡単にいかないのが、営業の難しいところです。

経済学では、利得を第一に行動するという経済人をモデルに経済行動を説明していますが、お客という存在も例外ではありません。むしろ、お客は売買という経済行為の当事者なので、これは経済人そのものと考えるべきでしょう。得意先だからといっていつまでも自社とつきあってくれると思うのは間違いで、「あっちが得だ」と思えばすぐにそっちへ行ってしまうのがお客というものの本性なのです。

これでは営業マンもうかうかできません。やっとつかんだお客に簡単に逃げられたのでは、これまでの苦労は水の泡、また新規客を探して一からやり直しです。かと言って、そう簡単に新規客をつかめるものではないし、まごまごしているとその間にお客はどんどん減っていってしまう恐れがあります。

それならば、と、まずはお客の減少を防ぐのが先決だと考え、新規客の開拓は手を抜き、既存客だけに力を入れる。そういう営業マンは少なくありません。

これは、たしかに当面のノルマを達成するには効率的な手段と言えます。しかし、こ

▼経済人――経済学の始祖アダム・スミスの「人は経済活動においては自分の利を第一にして行動する」という考え方による概念で、英語では「ホモ・エコノミクス」と言います

のやり方では新しい客が増えないので、いずれジリ貧になるのは明らかです。

◆購買意欲を起こす三つの条件

新規客にしても、既存客にしても、どちらもお客としての本質は変わりません。それは、経済人としての判断で買うか買わないかを決める、ということです。

経済人は経済活動をするときは、自己の利を求めて行動します。つまり、お客が金を出してものを買うのは、支払う金に比べてそれを得ることのほうが得であると思ったからにほかならないわけです。

そして、お客は、次の条件が満たされたときにものを買うことを決めるとされています。

ⓐそれを「欲しい」と思うこと
ⓑそれが「必要だ」と思うこと
ⓒその欲求や必要に見合った価格で買えること

この三つがものを買う条件なら、ものを売るには、これに対応して次の三つのことを行なう必要があります。

ⓐそれを「欲しい」と思わせること
ⓑそれが「必要だ」と思わせること
ⓒその欲求や必要に見合った価格で売ること

お客が、三つの条件が満たされて実際に買おうと思う、その気持ちを「購買意欲」と言います。つまり、お客のニーズを喚起し、自社商品（製品）に対して購買意欲を起こさせることが営業である、というわけです。

21 バランスのよい営業とは

■どれだけ新規客を確実に獲得できるかで、営業のバランスは大きく変わる

◆最低限必要な新規訪問件数を把握

前項で、新規客に集中しすぎれば既存客が逃げ、だからと言って既存客に集中しすぎれば新規の客を増やせず、どちらにいってもお客を減らしてしまう、と言いました。とすれば、その両方をバランスよく行なうしか方法はありません。

問題はそのバランスの取り方です。この場合、言うまでもありませんが、自分の手持ち客が増えるようにする必要があります。つまり、既存客の減少数よりも新規客の増加数が多くなるようにすればいいわけで、それには次の方法を取るとよいでしょう。

(1)新規客は、確実に獲得できる数を検討し、それを開拓目標として設定する

(2)既存客は、関係を見直し、手放してはいけないお客と手放しても仕方のないお客にグループ分けをして対応する

その要点は次ページのとおりですが、具体的な計算は、まず1年なら1年と対象とする期間を設定したうえで、次のように行ないます。

①過去の一定期間の自分の新規客獲得記録を見直して、まぐれなどの不確実な要素によるものを除外し、確実な新規客獲得数を算出する

②①で算出した過去の一定期間の新規客獲得数を、同期間に行なった新規（初回）訪問

◆新規客の獲得と既存客の確保◆

ここがポイント　確実に手持ち客数が増加するように努力目標を設定することが大切

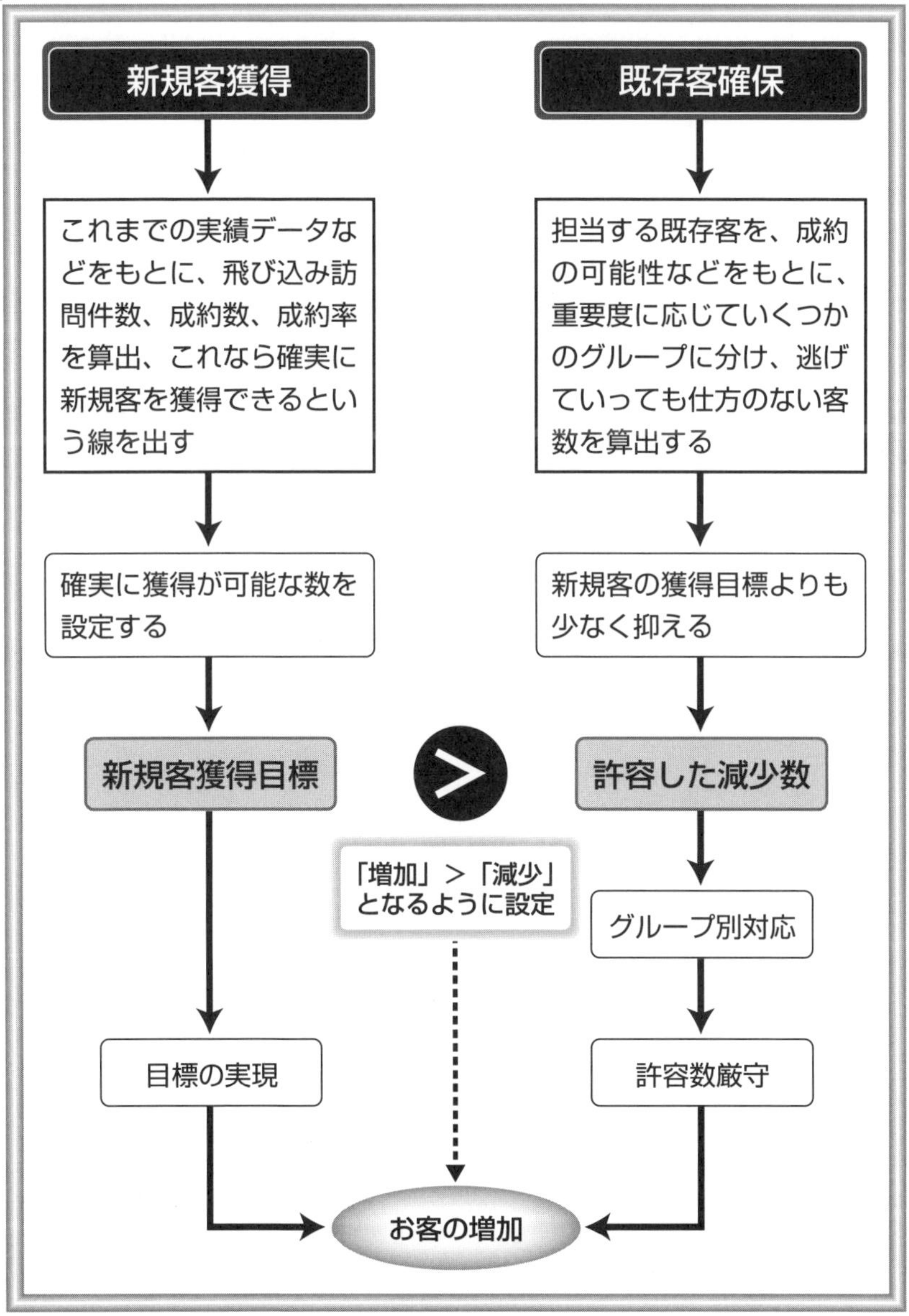

新規客獲得
これまでの実績データなどをもとに、飛び込み訪問件数、成約数、成約率を算出、これなら確実に新規客を獲得できるという線を出す
確実に獲得が可能な数を設定する
新規客獲得目標
目標の実現
既存客確保
担当する既存客を、成約の可能性などをもとに、重要度に応じていくつかのグループに分け、逃げていっても仕方のない客数を算出する
新規客の獲得目標よりも少なく抑える
許容した減少数
グループ別対応
許容数厳守
>
「増加」＞「減少」となるように設定
お客の増加

回数で割り、新規客獲得率を算出する

③過去の一定期間の実績データから、手持ち既存客数の減少率を算出する

④手持ち既存客数から、今後の取引の可能性がないと確信できるものの数を差し引く

⑤④で算出した取引の可能性のある手持ち既存客数に、③の減少率を掛けて既存客の減少見込み数を算出する

⑥⑤の既存客減少見込み数を②の新規客獲得率で割る

この⑥で計算された数字が必要最低新規訪問件数となります。つまり、手持ちの客数を目減りさせないためには、対象期間内に少なくともこの件数は新規客開拓の訪問を行なう必要がある、ということです。

◆新規客と既存客は同一線上のもの

新規客への営業活動と既存客への営業活動のバランスを取るためにとくに注意したいのは、この二つを別のものとして並列的にとらえてはいけないということです。

と言うのも、営業というのは結果主義で、相手が新規の客だろうと既存の客だろうと関係なく、売れば成績に加算されるため、両者を別のものと考えると、どうしても売りやすいと思われる既存客に足を向けがちになります。その結果、新規客の獲得が減少して先細りになり、成績を悪化させていくというケースに陥りがちです。

これを防ぐには、次ページのように新規客を既存客化するステップとして営業活動をとらえ、その段階に応じてお客と対応することが大切である、と開拓型営業では考えます。つまり、新規客と既存客は別のものではなく、同一線上にあると考えるわけです。

◆開拓型営業の基本ステップ◆

ここがポイント 開拓型営業は次の5つのステップによって進められる

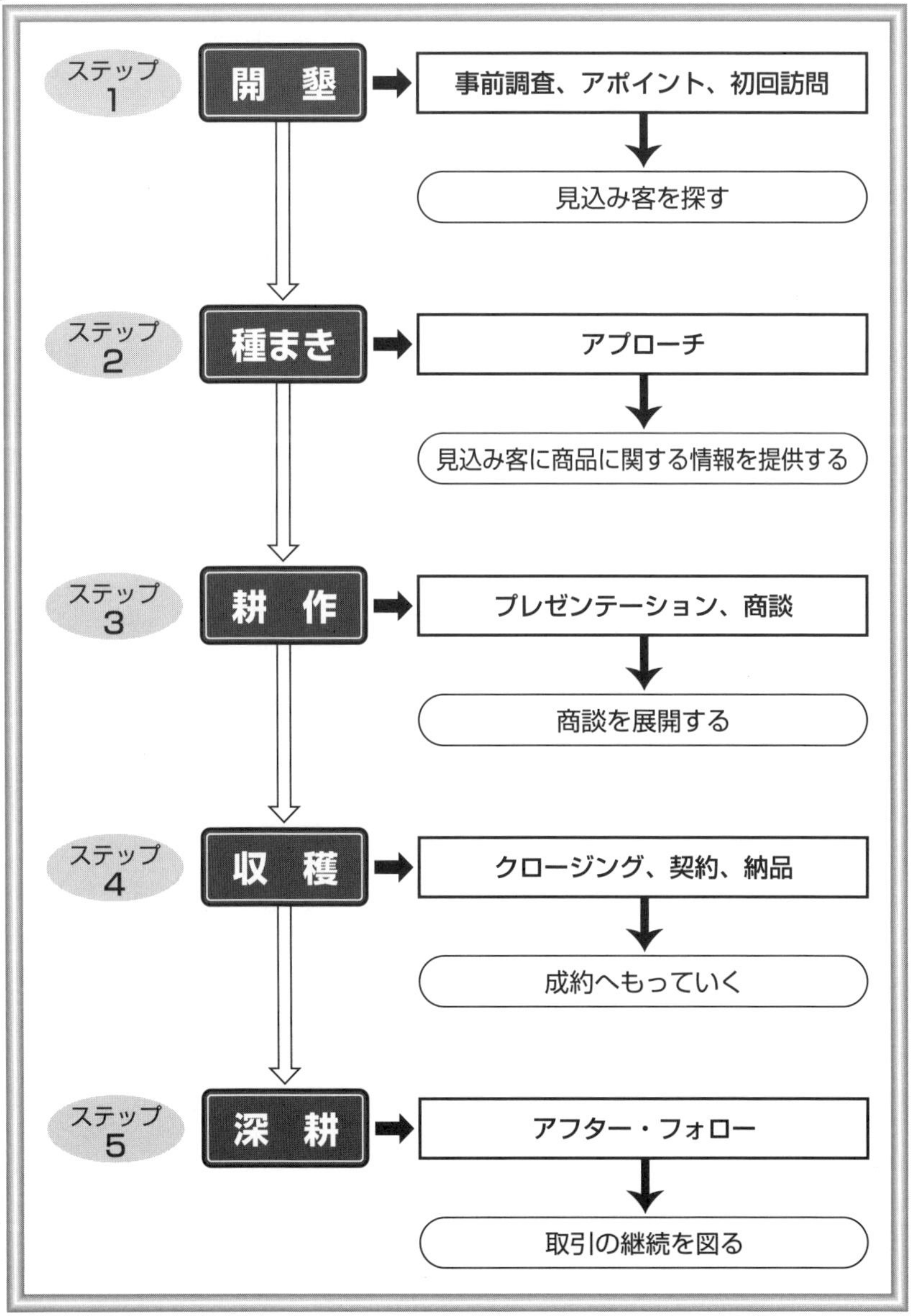

22 お客の進化と開拓型営業

■どのお客も最初は赤の他人、未開の荒地だ

◆営業活動がお客を進化させる

見ず知らずの赤の他人が何らかの機会に知り合い、次第に親しさを増していくように、お客も、最初は未知の存在であったのが営業活動の進展に応じて変化していきます。いわば、お客は営業マンとの関係の深化に対応して進化する、と言えるでしょう。

この進化のプロセスについてはさまざまな分け方がなされていますが、開拓型営業ではこれを次の五つに分けてとらえています。

・**未開拓客**――自社の顧客ではなく、今後も顧客になるか不明な、不特定な人たち

・**可能客**――未開拓客のうち、自社が対象とする客層に属し、顧客になる可能性があると見られる人たち。あるいは自社商品に興味を持ってくれた人たち

・**開拓客**――可能客のうち、買ってくれる見込みのある人たち

・**新規客**――開拓客のうちで実際に買ってくれた人たち

・**既存客**――これまで一度以上買ってくれ、今後も買ってくれる見込みのある人たち

次ページは、このお客の進化と営業活動の対応関係を示したものです。どのお客も必ずこの「開墾→深耕」のプロセスのどこかに位置しているわけで、それに対応して個々のお客に働きかけていく、というのが開拓型営業の基本的な考え方です。

◆営業活動とお客◆

ここがポイント　不特定客という未開地を切り拓いて顧客という田畑にするのが営業マン

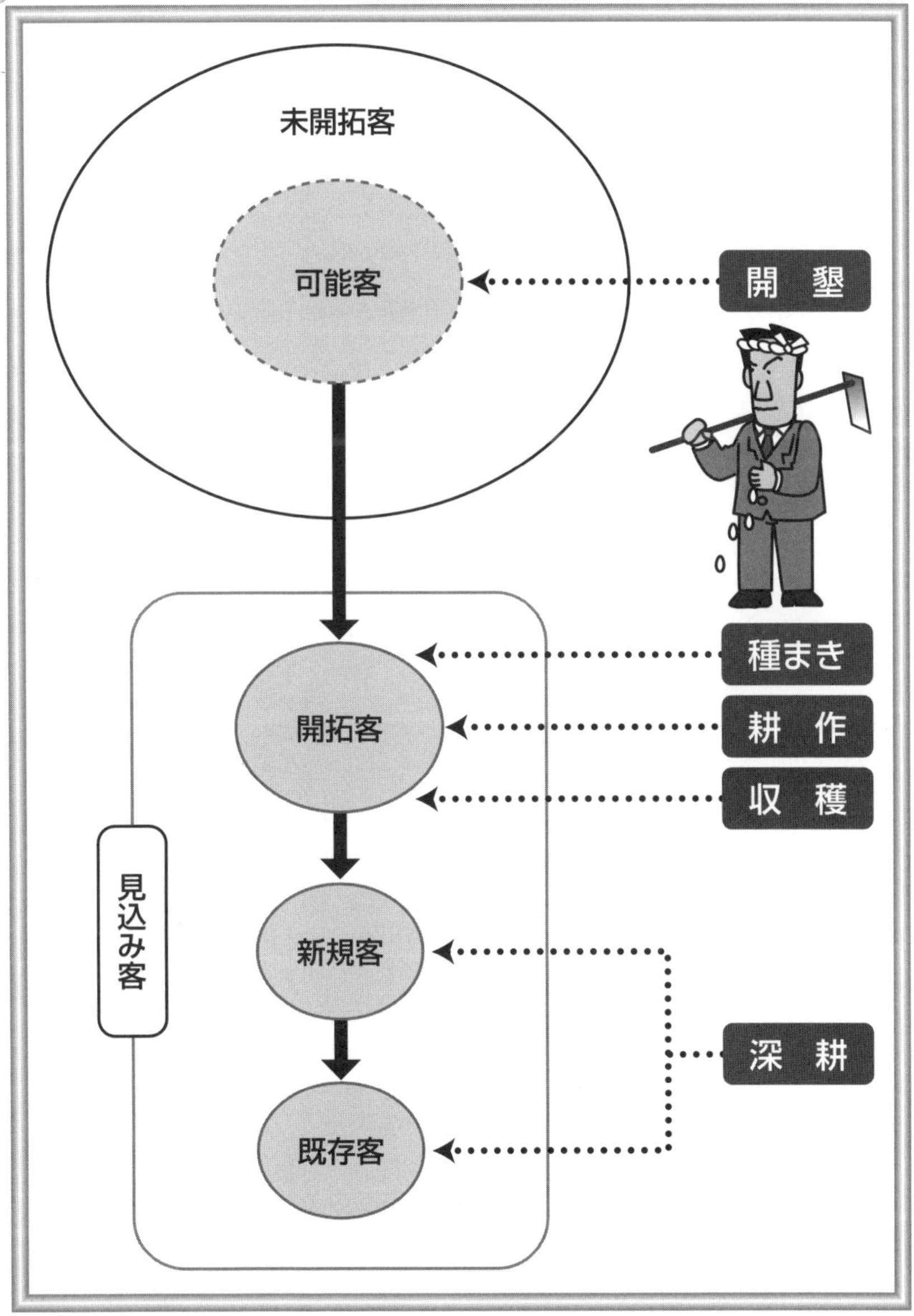

23 開拓型営業でのお客の掌握法

■個別にお客の実情を把握していなければ適切な営業活動はできない

◆客別のステップ管理表をつくる

お客を正確に把握するには、次ページのような客別ステップ管理表を用いると便利です。これはお客ごとに営業活動の進捗状態を把握するとともに、自分の活動状況の全容が把握できるようにしたもので、このお客にはいまどういう働きかけをすればよいかがひと目でわかるという利点があります。

この例ではお客を地区別に分類していますが、これは商品別でも取引規模別でもかまいません。進行状況の欄も、場合によってはもっと手順を細分化したほうがよいでしょう。要は、それぞれのお客がどの段階にあるかがわかればよいのです。自分で使いやすいように工夫してください。

また、この例では「◎＝次のステップへ進めそうである、○＝見込みはあるが、もう少し現在のステップでがんばる必要がある、△＝難航しているが、見込みがないわけではない、×＝もうひと押ししてダメなら諦める」という形でお客の感触（見込み度）を記していますが、この代わりに、後で説明するＡＢＣ分析でのランク分けを用いてもいいでしょう。

さらに、備考欄を設けて問題点や課題、注意点などを記すことも考えられます。

◆客別ステップ管理表の例◆

ここがポイント 一人ひとりのお客との関係を常にチェックし、自己管理に活用する

期間	年　　期

地区	相手先	進行状況				
		開　墾	種まき	耕　作	収　穫	深　耕
×○町	○山○男					◎
	×川□恵		○			
	□村△夫		○			
	○田×子	◎				
	△沢○郎			◎		
	□□社		◎			
	○×商店				○	
△○町	△山□子			○		
	△谷△三		◎			
	□原△雄					△
	○村×恵		△			
	□沢○郎			◎		
	○川×男				◎	
	○沢□子	○				
	○○商店					○
	□○社	△				
	△△商店		○			
□○町	×山△郎				○	
	○村□子		△			
	△谷○雄	○				
	○野○一		○			
	□原×郎	×				
○町	○谷□子	◎				
	△○商店	×				
	×□社		○			

感触や課題などを記しておくと、状況を把握しやすい

24 営業目標の意味

■「目標は実績でなければならない」というのが、営業マンに課せられた条件

◆目標は下がらない

営業マンの存在は目標というものを抜きには語れない、と言えるでしょう。言うまでもなく、営業は自分に課せられた目標をクリアすることによって評価される仕事だからです。その、営業マン個々の目標は、基本的に次の要素をもとに策定されます。

前期の目標値 ＋ 営業力の成長度 ＋ 会社の営業・販売計画

営業力の成長度というのは、前期よりも経験を増している分だけ営業実績は上がるはずだという、その想定値のことです。つまり、目標は、前期の目標値にこの想定値を加え、それを経営計画で設定された売上目標額と調整したうえで決められるというのが、一般的なやり方なわけです。

ところで、これには前期の営業成績（実績）が加味されていないことに注意してください。ほとんどの会社でも、営業目標は前期の目標より低く設定されることはありません。仮に、前期の実績が目標にはるかにおよばないものだったとしても、翌期はさらに高い目標を掲げられるのが普通ですが、その理由はここにあるのです。

目標を確実に達成させるには、前期の成績を見て確実な線で設定したほうがよいと普

営業マンの想定成長モデルの例

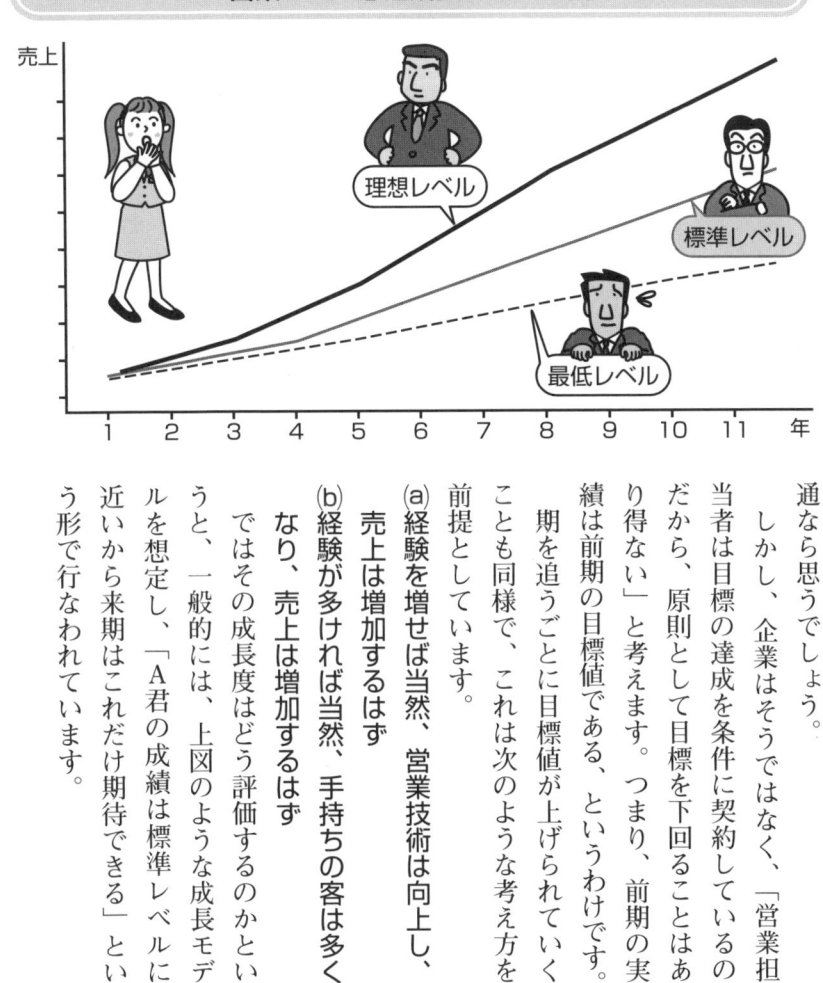

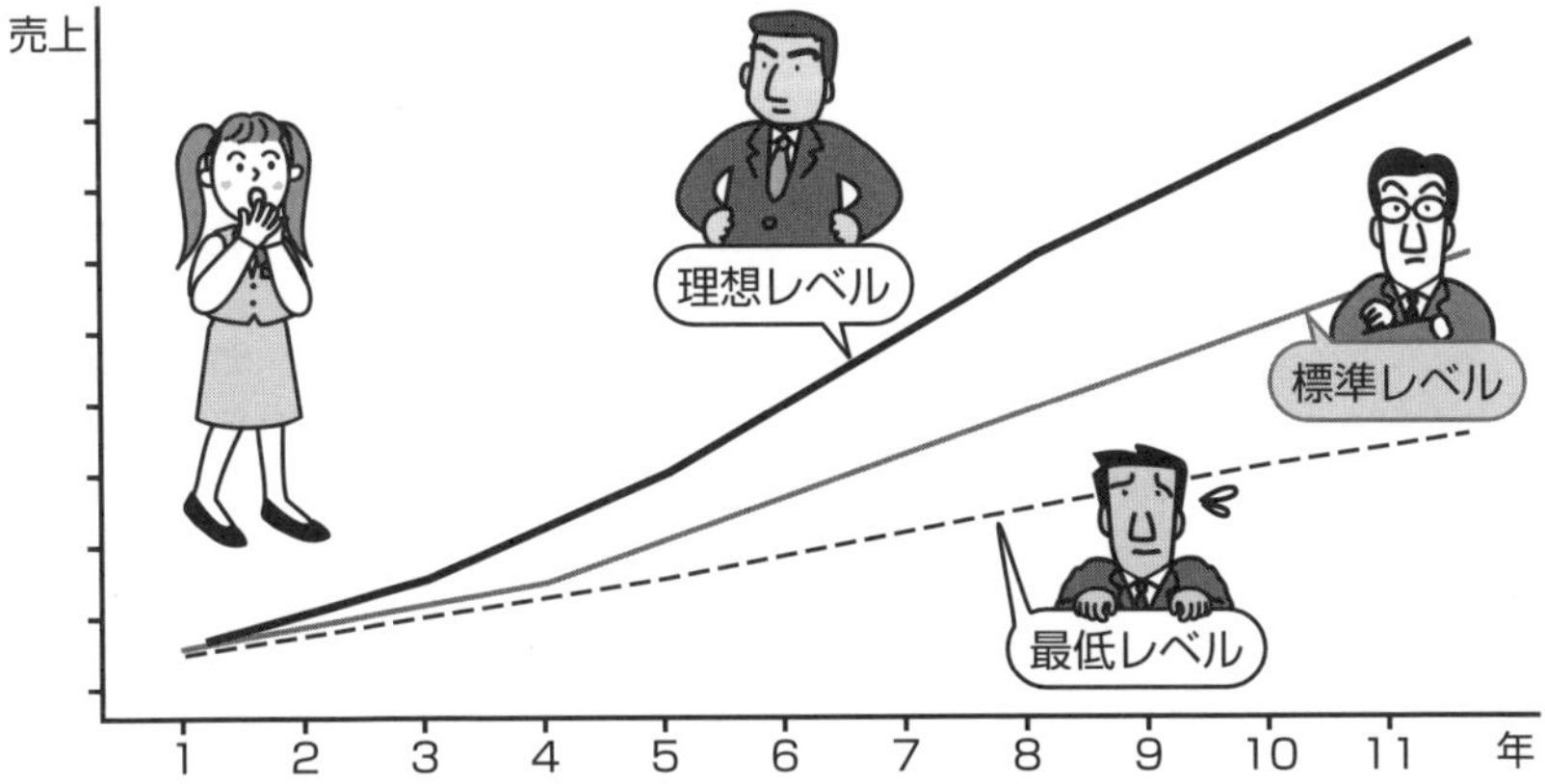

通なら思うでしょう。

しかし、企業はそうではなく、「営業担当者は目標の達成を条件に契約しているのだから、原則として目標を下回ることはあり得ない」と考えます。つまり、前期の実績は前期の目標値である、というわけです。

期を追うごとに目標値が上げられていくことも同様で、これは次のような考え方を前提としています。

ⓐ経験を増せば当然、営業技術は向上し、売上は増加するはず

ⓑ経験が多ければ当然、手持ちの客は多くなり、売上は増加するはず

ではその成長度はどう評価するのかというと、一般的には、上図のような成長モデルを想定し、「A君の成績は標準レベルに近いから来期はこれだけ期待できる」という形で行なわれています。

25 営業目標を活動計画に転換する

■開拓型営業では、常に新規客の開拓を念頭に置いて活動計画を立てる

◆お客の件数で目標を把握

目標設定の指標は、売上、利益、獲得客数、訪問数、成約件数など、会社によってさまざまな形で設定されています。

このうち、代表的なのは売上によるものと成約件数によるものです。一般に、これらは「来期は何件の契約を取ること」とか「○○円の売上をあげること」というように、包括的な数値を設定する形で行なわれています。

このように包括的に提示されると、営業担当者も、そのまま「期間中に目標件数や目標額を達成すればよいのだな」と包括的に受け取ってしまいやすいものです。

しかし、注意したいのはその受け止め方で、これが失敗の要因になっているケースは意外に多いのです。

今期はいくらと包括的に受け止めても、もちろん、毎月どれだけ成約を取ればいいという計算は誰でもするでしょう。しかし、大方はそこでストップしてしまう。そして、「とにかくまず点数を稼いでおこう」と考え、成約までに時間がかかり、成約できる可能性が読めない新規客の開拓を後回しにして、頼みこめば何とかなりそうな既存客にウエイトを置きがちです。その結果、期末も間近になって思うように成約が得られずに、右

◆開拓型営業での目標のとらえ方◆

ここがポイント 開拓型営業では目標をステップごとの行動目標として受け止める

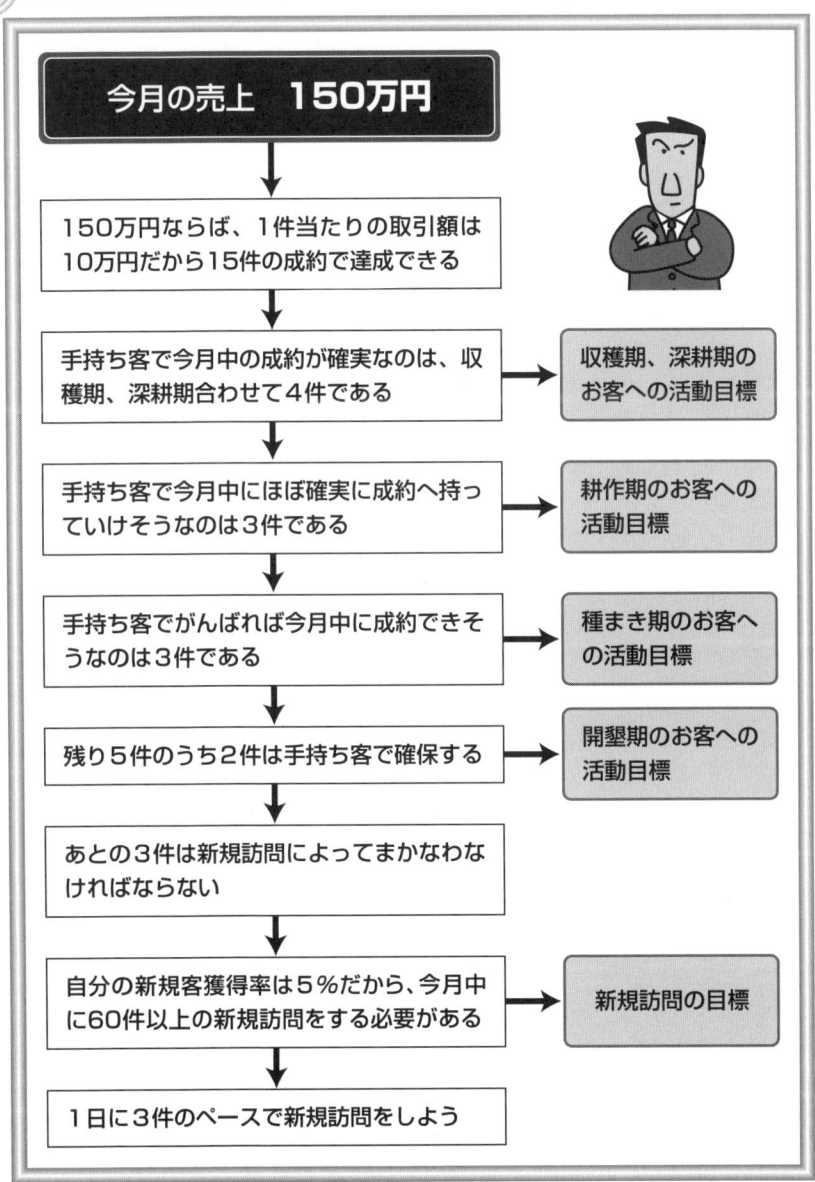

今月の売上　150万円

↓

150万円ならば、1件当たりの取引額は10万円だから15件の成約で達成できる

↓

手持ち客で今月中の成約が確実なのは、収穫期、深耕期合わせて4件である → 収穫期、深耕期のお客への活動目標

↓

手持ち客で今月中にほぼ確実に成約へ持っていけそうなのは3件である → 耕作期のお客への活動目標

↓

手持ち客でがんばれば今月中に成約できそうなのは3件である → 種まき期のお客への活動目標

↓

残り5件のうち2件は手持ち客で確保する → 開墾期のお客への活動目標

↓

あとの3件は新規訪問によってまかなわなければならない

↓

自分の新規客獲得率は5％だから、今月中に60件以上の新規訪問をする必要がある → 新規訪問の目標

↓

1日に3件のペースで新規訪問をしよう

往左往する羽目に陥ってしまうのです。

　この場合に大切なのは、営業目標を行動目標に直して受け止めることで、開拓型営業では次のように考えます。

①目標を成約件数でとらえる（金額で示された場合は1件当たりの取引金額から計算）

②目標の成約件数のうち何件を現在の手持ち客でまかなえるか

③②の残り分を達成するには何件の新規客を開拓すればよいか（新規客獲得率で計算）

　ここでいう手持ち客とは「自分がいまかかえているお客」のことで、開墾中、種まき中、耕作中、収穫中、深耕中の各ステップのお客のすべてを含みます。これらの、自分が担当しているそれぞれの段階のお客について、まず前ページのような手順で実現の可能性を調べていき、次にその可能性と目標件数との差をチェックし、その差を新規客を開拓することで埋めていくわけです。

　実際にどう計算するか、次ページにA君の場合を例に取ります。(b)の主力商品の平均取引額は、扱う商品が多様で価格の幅が大きい場合には、お客1件当たりの平均取引額で計算するといいでしょう。

　この方法は、目標の達成に向けて何をどうするか具体的にイメージでき、しかも新規客開拓を前提にしているので手持ち客の減少を防げるとともに、次の利点があります。

(1)お客ごとにステップを把握するので、個々の関係に応じた適切な対応ができる

(2)常にステップを意識するので、合理的、効率的な行動計画を立てることができる

(3)各ステップの目標件数を数値化するので、適切な自己の目標管理が可能である

▼新規客獲得率――新規訪問をしたお客の何%が実際の購入に結びついたかを見るものです。21項（64ページ）の②を参照

▼スリープ客――休眠客とも言います。一般には過去に取引があるが現在は取引のないお客を言いますが、この表では、まだ取引をして間がなく、当分は取引のなさそうなお客という意味で用いています

◆活動目標の計算◆

ここがポイント 目標は月あたりの要訪問件数として把握するとヤル気が増す

A君の場合の条件		
(a)	来期の営業目標額	1200万円
(b)	担当する主力商品の平均取引額	11万円
(c)	手持ち客で来期に購入してくれる見込みがあるお客（見込み客）	80件
(d)	(c)のうち確実に購入してくれると予想されるお客（確実客）	32件
(e)	(c)のうち努力次第で購入してくれると思われるお客（期待客）	48件

A君の今期の既存客に対する営業実績

実績のチェック項目		実　績	%	実績率の計算
①	手持ちの既存客	92		
②	継続が不可能な客	12	13.0	既存客減少率＝②÷①×100
③	見込みのある客	60		見込み客＝①－②－「スリープ客数」
④	③のうち確実な見込み客	36		
⑤	可能性のある見込み客	24		可能な見込み客（期待客）＝③－④
⑥	見込み客の成約数	46	76.7	見込み客成約率＝⑥÷③×100
⑦	確実な見込み客の成約数	33	91.6	確実客成約率＝⑦÷④×100
⑧	期待客の成約数	11	45.8	期待客成約率＝⑧÷⑤×100

今期の実績データをもとに来期の年間目標を計算する			
(f)	来期に獲得すべき契約件数を計算する	(a)÷(b)	110
(g)	確実客の成約可能数を計算する	(d)×今期の確実客成約率	30
(h)	期待客の成約可能数を計算する	(e)×今期の期待客成約率	22
(i)	来期の既存客による成約目標を計算する	(g)＋(h)	52
(j)	来期の新規客による成約目標を計算する	(f)－(h)－(i)	36

今期の実績データをもとに来期の月間活動目標を計算する			
(k)	月あたりの期待客での成約目標件数	(h)÷12	2
(l)	月あたりの新規客での成約目標件数	(j)÷12	3
(m)	月あたりの既存客への商談訪問の目標件数	(k)÷期待客成約率＋(d)÷12	8
(n)	月あたりの新規訪問の目標件数	(i)÷新規客獲得率（注）	60

注　(n)の新規客獲得率は5％を想定しています。件数は切り上げ計算で算出しています

26 目標自己申告制の方法

■その根拠や自己の活動方針を具体的に説明できなければ、目標は受け入れてもらえない

◆自信の裏づけが大切

営業目標の決め方は大きく次の三つに分けられます。

・トップダウン方式――会社側（上司）が目標を定めて営業担当者に提示する方法

・ボトムアップ方式――担当者がみずから目標を定めて上司に申告する方法

・両者の折衷方式――会社側と担当者の案を照合し、折衝して正式に決める方法

このうち、営業担当にとって重要なのは、自分で目標案を考えるという作業が必要なボトムアップ方式と折衷方式です。

自分で目標案を出すときには、上司の質問にきちんと答えられるために次ページのような手順で進める必要があります。また、目標についてもその根拠を的確に説明できることが要求されるので、とくに次の点をよく検討しておくことが大切です。

(1)達成できるという具体的な根拠があるか

(2)前期に対する伸び率は適切か

この場合も前項の方法が有用です。肝心なのは、自分の営業活動を各ステップごとの具体的な数値に置き換えて正確につかみ、それをもとに「ここまでならやってみせる」と自信を持って言える値を出すことです。

◆目標の自己設定の手順◆

ここがポイント 今期の活動内容を徹底的に分析することが、適切な目標に結びつく

1 今期の活動内容、実績を分析、来期の課題を見つけ出す

- 目標の達成度はどうか――全体、ステップ別に見る
- 未達成の場合――原因はどこにあるか、全体、ステップ別にチェックする
- 今期の営業活動での問題点はどういうところか
- 今期目標設定時の課題で解決できなかったものとその理由を考える
- 来期の課題をあげる（今期未解決のものも加える）

2 来期の会社の営業計画、マーケティング戦略での戦略商品を研究する

- どういう客層（ターゲット）に、どういう売り方をするか
- どれだけ売ることができるか

3 商品別、ターゲット別に来期の目標を設定する

- 可能性をチェックし、修正、最終的な自己申告案をまとめる

27

新規客開拓の進捗管理

■新規客開拓の遅れは致命傷になりやすい。常時チェックすることが大切

新規客開拓は、未知のお客を相手にすることもあって見込み違いも多く、油断するととり返しがつかなくなる恐れがあります。

このため、一定の期間ごとに小刻みに進行状況を把握し、遅れがあれば速やかに取り戻すことが大事です。開拓型営業では、次の指標を用いて進行状況をチェックします。

・**新規訪問率**――新規開拓の対象としたお客のうち、実際に訪問したのはどれだけか

・**アプローチ率**――新規訪問をしたお客のうち、商談の前段階へ進んだのはどれだけか

・**商談移行率**――アプローチに進んだお客のどれだけが具体的な煮つめ段階へ進んだか

・**新規成約率**――煮つめの段階へ進んだお客のどれだけを成約にもっていけたか

実際にどう行なえばよいか、次ページにその例を示しました。A君は今月、3件の未達成を発生させてしまいましたが、この場合、次の順序で対策を検討していきます。

◆四つの指標でチェック

①新規成約率がこのままでいくとすると、商談件数を40件にしなければならない

②商談件数を40件にするにはアプローチ件数を120件（1日＝4～5件）にする

③アプローチを120件にするには新規訪問件数を320件（1日＝13件）にする

④実績率が低いものの改善法を考え、改善目標率に対応して①～③の件数を検討する

◆ステップ別新規開拓管理の方法◆

ここがポイント お客をステップで管理すれば、自分の営業活動の課題がひと目でつかめる

A君の今月の新規客獲得目標
新規の契約　　　5件

A君の今月の新規客獲得実績				
営業ステップ		件数	実績率%	実績率の計算
開墾期	(a)　見つける	100		
	(b)　新規訪問	80	80.0	新規訪問率＝$\frac{(b)}{(a)}\times 100$
種まき期	(c)　アプローチ	30	37.5	アプローチ率＝$\frac{(c)}{(b)}\times 100$
耕作期	(d)　商　談	10	33.3	商談移行率＝$\frac{(d)}{(c)}\times 100$
収穫期	(e)　成　約	2	20.0	新規成約率＝$\frac{(e)}{(d)}\times 100$
	↓ 深耕期へ移行	↓ 2	2.5	新規客獲得率＝$\frac{(e)}{(b)}\times 100$

A君の今月の成績
今月の目標件数－今月の実績件数＝5－2＝3⟹新規契約3件不足

A君の翌月の目標
今月の不足件数＋翌月の目標件数＝3＋5＝8⟹新規契約8件獲得

A君の営業課題

1	当面は(d)や(e)など実績率が低かったステップの向上に注力する
2	全体的な件数増加のベースになる(b)の新規訪問件数を増やす
3	各ステップの質（成功率）の向上を図る

28 Zチャートによる自己管理

■絶えず目標に対する現在地をたしかめ、軌道修正を行なうことが自己管理の要諦

◆三つのデータでチェック

目標管理とは、いま目標に対してどういう状況にあるのかを常に把握し、遅れが見られればすぐに原因を解明してその遅れをとり戻すこと、と言ってよいでしょう。

これは普通、月間計画を設定しそれと対比する形で行ないます。しかし、営業は日常性に埋没しやすいもので、月ごとの変化だけで見るとどうしても視野が狭まり、「今月は先月よりいい結果が出たからまあいいか」と油断してしまう可能性があります。

この場合に大切なのは、なるべく現状と比較できる要素を多く持つことです。そのひとつとして「Zチャート」という分析法を用いるのがお薦めです。

これは、次の三つのデータを複合型の折れ線グラフに描き、それぞれの関連から現状を見ていくものです。

①毎月の実績額の推移
②毎月の実績の累積額
③移動年合計

このZチャートはまとめて年間の推移を分析する場合によく用いられますが、月ごとに記入していけば、変化がほとんどリアルタイムにつかめるので、営業マンの自己管理

▼移動年合計――4月なら前年の5月からこの4月までというように、過去1年間の実績の累計値。月ごとに集計する期間が移動していくのでこう言います

◆Zチャートの作成◆

ここがポイント 過去1年間の動きや目標とひと目で対比できるので、現状を把握しやすい

1　月ごとに3つのデータを集計していく

	4月	5月	6月	7月	8月	9月	10月	11月	12月	1月	2月	3月
①	123	103	109	134	140							
②	123	226	335	469	609							
③	1660	1613	1587	1590	1602							

2　データを3つの折れ線グラフに落としていく

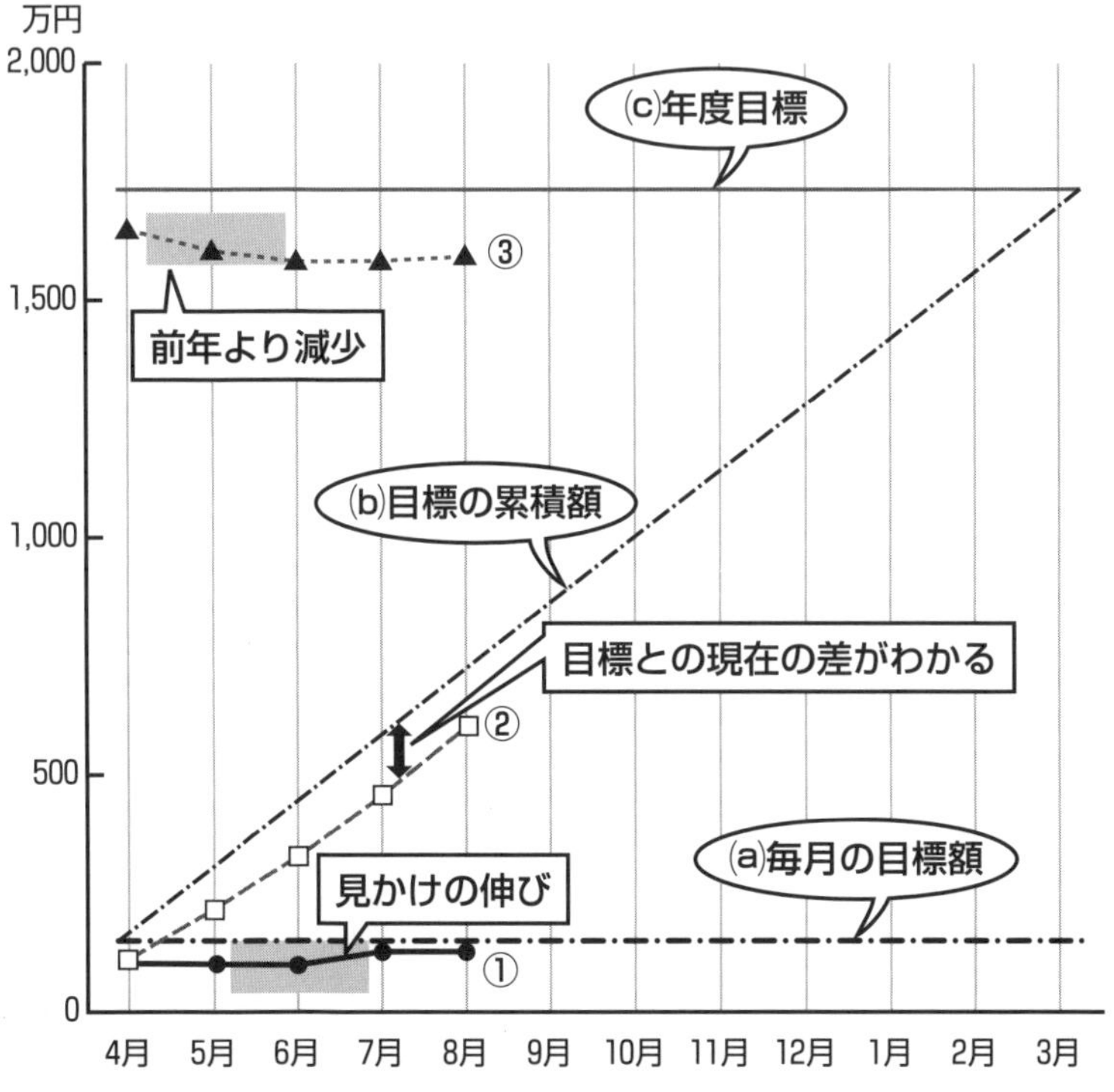

にはとくに有効です。

前ページに、4月~8月までの途中経過の例を示してみました。ここには、(a)毎月の目標額、(b)目標達成への累積額、(c)今期の目標額をいわゆる基準線として記しています。こうして目標と対比できるようにすると、見かけの伸びに惑わされずに現状を見ることができ、目標の達成に向けて、いまどの地点にあるのかがひと目でわかります。

◆年間の自分の動きがわかる

次ページは1年間の推移を見たものです。過去1年間の合計額は期末にはその期の累積額と等しくなるので、グラフはこのようにZ型に収束します。Zチャートという名はそのグラフの形によるものだと言いますが、それはともかくとして、これには次の利点があります。

(1)移動年合計のグラフによって、累積ベースで前期に対して今期の実績はどう推移したのかがひと目でわかる

(2)三つのグラフの伸び率を比べることで、不調あるいは好調をもたらすもととなった時期がわかり、原因をさぐる手がかりが得やすい

(3)目標線に対して実績線がどういう形で動いているかを見ることで、来期に向けての現在の自分の調子がつかめる

このチャートは、売上高のほかに、成約数や新規訪問件数、主要商品別などについても作成するとよいでしょう。より正確に自己分析をするのに役立ちます。

◆Zチャートによる活動管理◆

ここがポイント Zチャートは1年の成績の動きをとおして活動内容を分析するのに役立つ

実績＆累計表

	4月	5月	6月	7月	8月	9月	10月	11月	12月	1月	2月	3月
月実績	97	92	98	65	99	103	122	126	120	128	130	125
累　計	97	189	287	352	451	554	676	802	922	1050	1180	1305
1年計	1308	1295	1292	1258	1254	1246	1253	1260	1259	1270	1290	1305

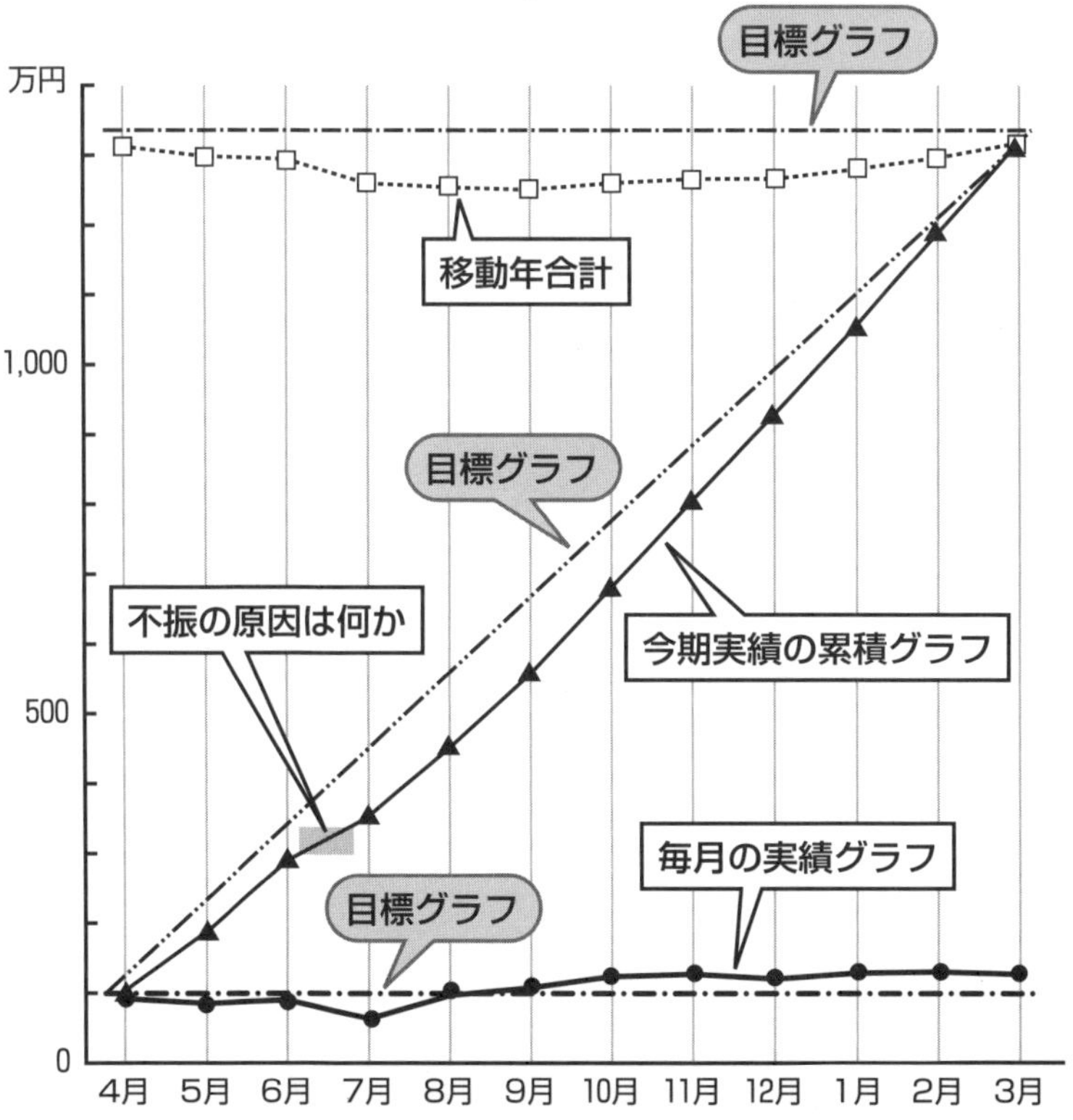

29

ＡＢＣ分析による管理法

■ＡＢＣ分析は重要度に応じたマネジメントを展開するのに欠かせない管理手法

◆ＡＢＣ分析の手順

ＡＢＣ分析は、売上管理や在庫管理、売れ筋管理などによく用いられる手法で、対象を実績などの高い順に一定の構成比ごとにランク分けし、それぞれのランクに応じてウエイトを変えて管理することを言います。

次ページは顧客別の売上高を見た例ですが、その方法は次のとおりです。

①売上高の多いお客の順に、次ページの上の表のようなランキング表をつくる
②ランキング表の上位から順に売上高を加算して累積売上高を出し、記入していく
③それぞれのお客の売上高について総計に対する構成比を計算する
④ランキング表の上位から順に構成比を加算して累積比を出し、記入していく
⑤以上をもとに、横軸に得意先、縦軸の左側には百分率、右側には売上額を示す金額を目盛ったグラフ（パレート図）を作成する
⑥パレート図に上位の得意先から順に売上高を棒グラフで示す
⑦同じく、累積比を折れ線グラフで示す
⑧ランク分けの基準とする累積率を設定する
⑨設定した累積率の補助線を書きこむ（左軸からスタートし、累積比の折れ線とぶつか

▼ＡＢＣ分析――正式には考案したイタリアの経済・社会学者の名を取って「パレート分析」と言います。ＡＢＣ分析という言い方は、普通この方法では、ウエイトの高い順にＡ、Ｂ、Ｃの3グループでランク分けが行なわれるところから呼ばれるようになったものです

◆ＡＢＣ分析の方法◆

ここがポイント 定期的にＡＢＣ分析を行なうと、どこにウエイトを置くべきかがわかる

(1) 分類別の売上実績ランキング表をつくる

順　位	顧　客	売上高	累積売上高	構成比	累積比
1	A	151,000	151,000	20.6	20.6
2	B	134,000	285,000	18.3	38.9
3	C	101,000	386,000	13.8	52.7
4	D	94,500	480,500	12.9	65.6
5	E	86,300	566,800	11.8	77.4
6	F	75,200	642,000	10.3	87.7
7	G	48,500	690,500	6.6	94.3
8	H	20,800	711,300	2.8	97.1
9	I	10,800	722,100	1.5	98.6
10	J	9,300	731,400	1.3	99.9

(2) パレート図にする

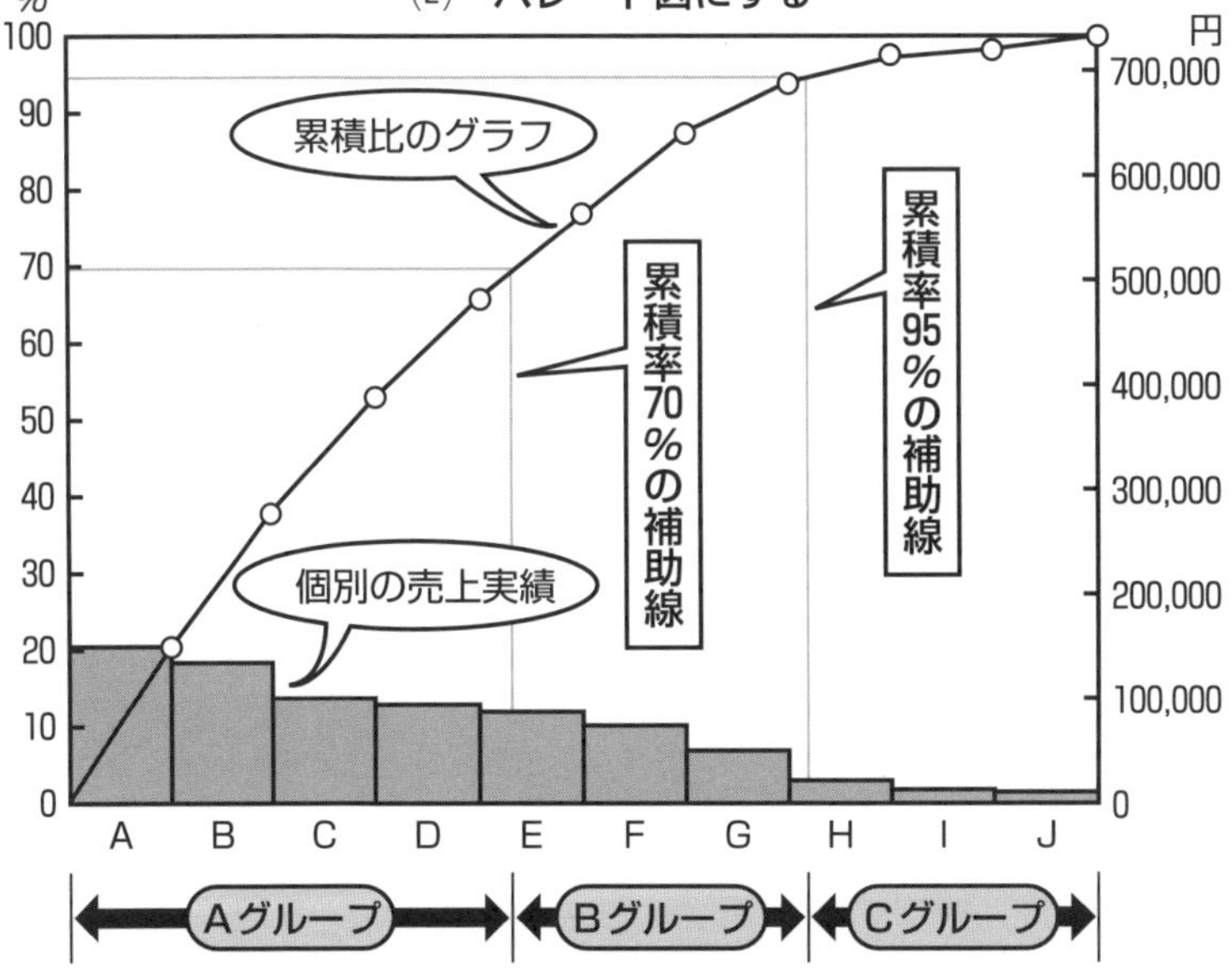

った点から垂直に下ろす）

⑩補助線によって区切られた顧客を、上位からA、B、Cのグループに分ける

◆グループ分けの目安

手順⑧のランク分けは売上への貢献度を累積比で評価するもので、これは基本的に次を基準とします。

・**Aグループ**――売上の大半を支えてくれる、貢献度のもっとも大きな層
・**Bグループ**――売上はそれほどではなく、まあまあの貢献度の層
・**Cグループ**――売上はほとんどなく、貢献度の微少な層

では実際にそれぞれの累積比をどう設定するかというと、これは前ページの例のように、Aグループを全体の70％以内、Bグループを71～95％、Cグループをその残りの96％以上とするのが一般的です。

つまり、実績の7割を支えるのがAグループ、Bグループを加えれば95％が支えられるということになります。これを件数比で見ると、Aグループは全体の10～20％、BグループとCグループはそれぞれ30～40％を占めるのが標準的だと言われています。

こうして分けられた三つのグループに対して、その重要度に応じて、次ページのようにそれぞれに最適と思われる対応策を講じていくのです。

もちろん、このランク分けの基準累積比はこうと決まったものではないので、別の値に設定してもかまいません。また、グループを三つではなく四つに分けることもよく行なわれています。実情に応じてやり方を考えましょう。

▼ファン客――自社あるいは担当営業マンに好意を持ってくれ、優先して取引をしてくれる顧客のこと

◆ＡＢＣ分析の活用例◆

ここがポイント グループごとに戦略を変えることで効率化を図る

顧客管理の場合での判定方法

ランク	戦略方針	対　応
Ａグループ	・支払いの実績など、問題の有無を調べ、問題のない顧客は重点顧客として位置づける ・問題があれば解決を図り、優良客にするように努める ・重点顧客をファン客化する ・接触機会を多く取り、ニーズの把握に努める ・頻繁に情報を提供し、ニーズの発掘に努める	・訪問頻度を多くする ・半年に一度は営業所長あるいはマネージャーが挨拶に伺う ・催事、展示会などへ招待し、出席を促す ・ＤＭを積極的に送る ・特別待遇をしているということを印象づける
Ｂグループ	・顧客の感触をさぐり、今後の可能性を見きわめる ・重点顧客にレベルアップしそうな顧客の発見に努める ・顧客情報を積極的に収集し、顧客を知ることに努める ・法人客の場合にはその経営内容に注意し、信用度をたしかめる	・重点顧客にレベルアップしそうな顧客に対しては、Ａグループと同じ営業活動を行なう ・そのほかは基本的に通常の活動を行なう ・信用度の低い法人客には、安全をたしかめたうえで、間違いのない取引を行なうようにする
Ｃグループ	・顧客の感触をさぐり、今後の可能性を見きわめる ・顧客の信用度、自社や自社商品などに対する好意の持ち方などから判断し、有望なお客、大きな変化が見込めないお客、切り捨てたほうがよいお客に区分けする	・重点顧客になりそうなお客に対しては、重点的に営業活動を行なう ・切り捨てるべきと判断された顧客を切り捨てる ・そのほかの顧客は現状維持でいき、様子を見る

30

ＡＢＣ分析での自己管理

■ＡＢＣ分析は、自己の営業方法を点検し、活動のバラつきを修正するのに適している

◆課題の発見に有用

ＡＢＣ分析は営業担当者にとって、とくに次の面で自己管理法として役立ちます。

(1)顧客の深耕状況の把握と対応法の検討
(2)担当商品の販売状況の把握と対応法の検討
(3)担当地域の開墾状況の把握と対応法の検討

(1)は深耕中のお客を売上実績で分析するもので、前ページの顧客管理の担当者版といえますが、営業担当としては可能性の発見に重点を置いたほうがよいでしょう。

(2)は取り扱っている商品の販売実績リストを分析するもので、自分はどの商品が弱いか、ウィークポイントを見きわめるのに役立ちます。

(3)は受け持ち地域をいくつかに分けて分析し、地区別に課題を見つけるためのものです。いずれもパレート図の形が重要で、次ページのような場合には注意してください。

・**偏重型**――活動先が一部に集中しすぎているため、一人のお客を失うと取り返しのつかないダメージを受ける恐れがある。活動対象を広げることが急務

・**均等型**――成績維持の面では安全だが、さらに実績を上げるには個々のお客をもっと深く耕していくことが必要である

◆パレート図の分析◆

ここがポイント 補助線の位置によって営業の傾向がわかる

偏重型

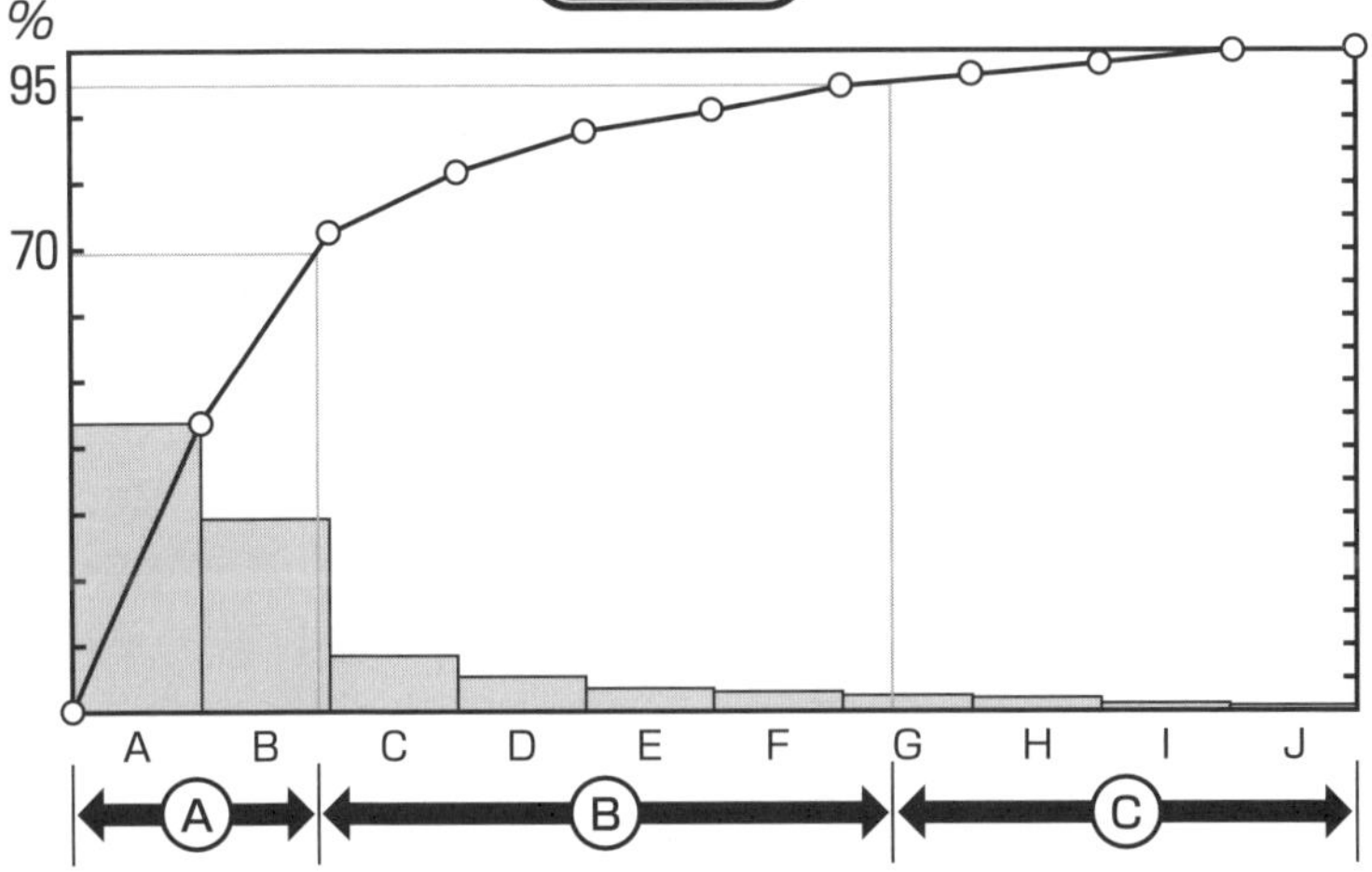

均等型

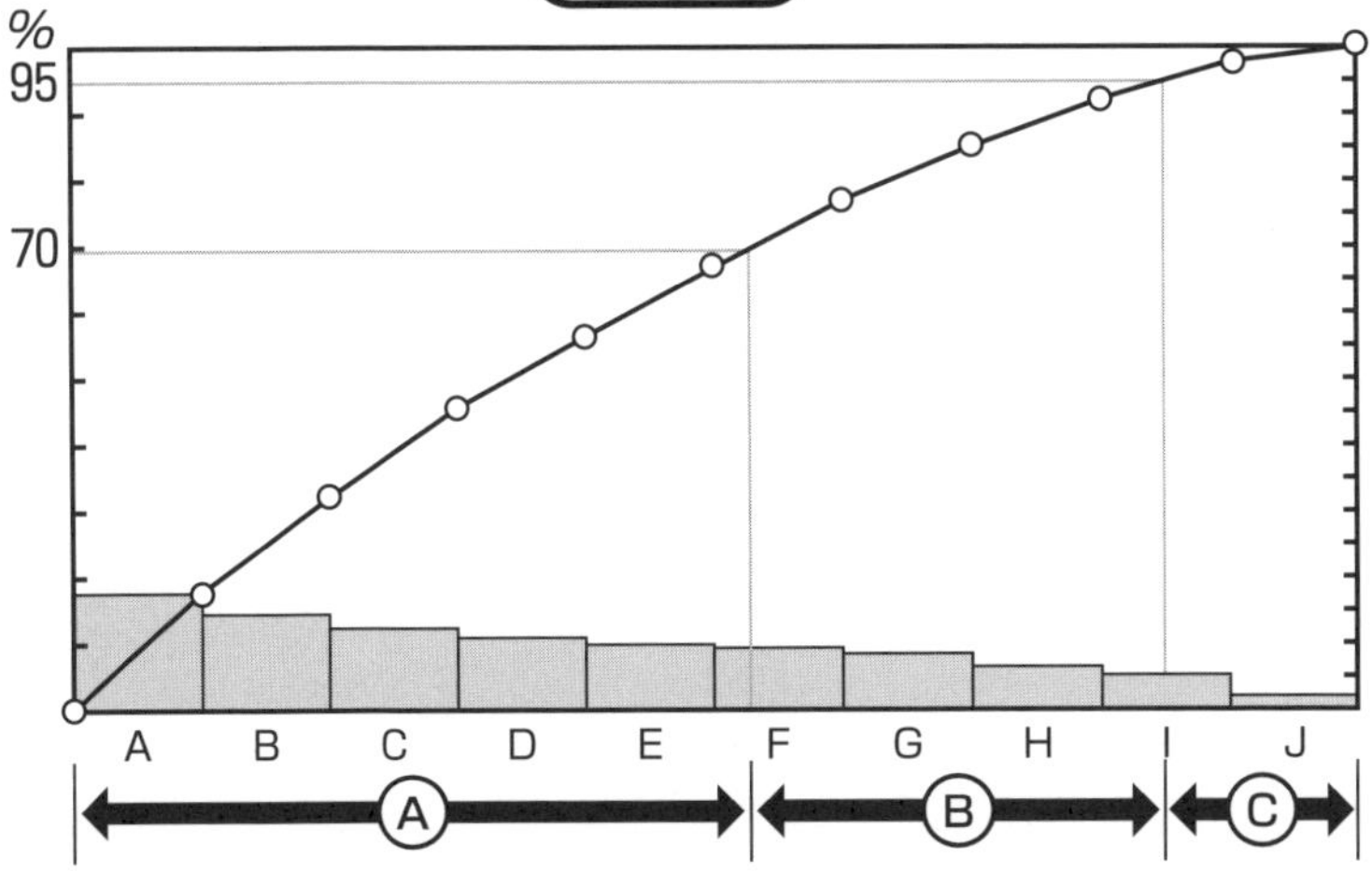

31

営業マンの行動管理

■時間管理なくして営業マンの行動管理は不可能

◆行動記録表

計画的に行動することは営業の鉄則とされていますが、いくら立派な計画を立てても実際の行動が伴わなければ意味がありません。それでなくても営業は雑用が多く、予定どおりにいかないことが当り前と言われるような職種なので、おそらくほとんどが一応は計画を立ててはいるけれど実行できていないというのが実情でしょう。

行動管理はその差を埋めるためのもので、主として次のことを行ないます。

(1)自己の日々の行動実態をチェックして問題点を抽出する

(2)どこをどう改めればより合理的で効率的な営業活動ができるか、改善法を考える

(3)その改善法を日々の活動計画に取り入れる

まず自分の毎日の行動をチェックするのですが、これは次ページの行動記録表を用いて、次の要領で行ないます。

・少なくとも年に2回、1～2週間をそのための期間にあてて実行する

・行動内容を15分単位で、両向き矢印を用いて洩れがないように正確に記入していく

この表は行動分析のもとになるので、正確につけることが大切です。後でまとめ書きをしたりせず、常に携帯して、常時その場で記入するようにしてください。

◆行動記録の集計◆

ここがポイント 営業の自己管理は毎日の行動をチェックすることから始まる

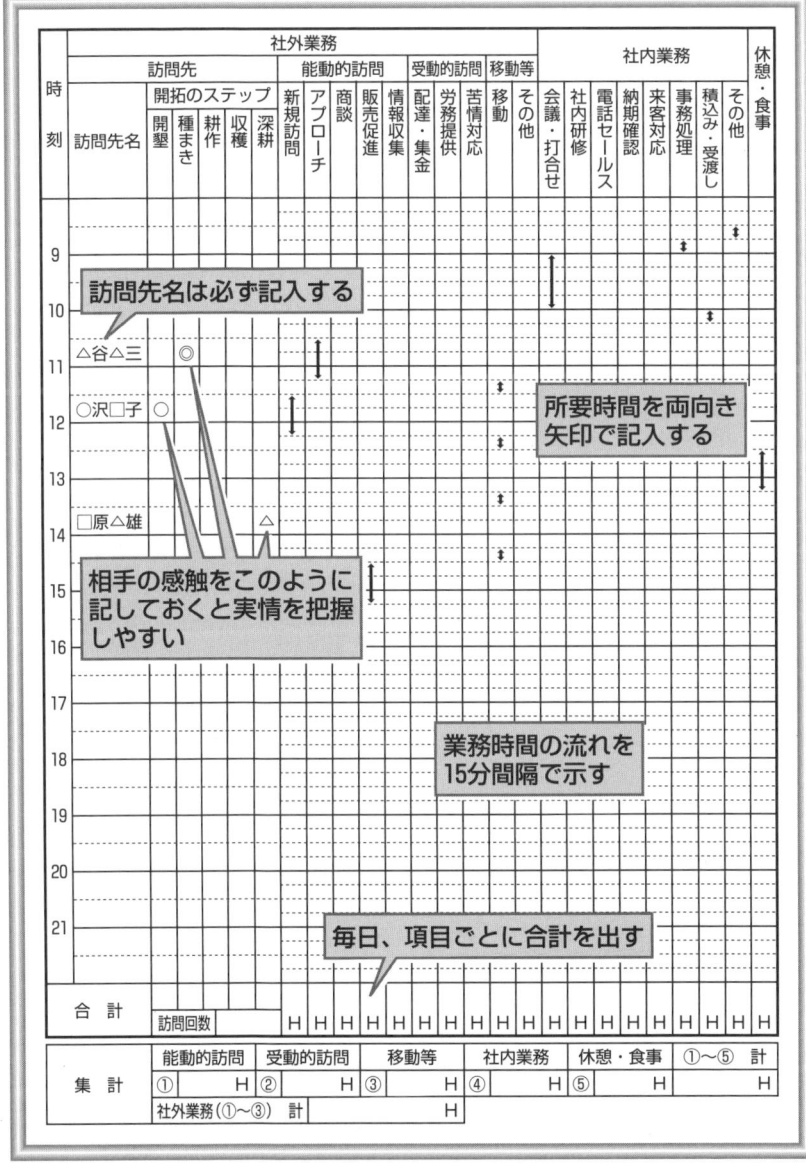

時刻	社外業務／訪問先／訪問先名	開拓のステップ：開墾	種まき	耕作	収穫	深耕	能動的訪問：新規訪問	アプローチ	商談	販売促進	情報収集	受動的訪問：配達・集金	労務提供	苦情対応	移動等：移動	その他	社内業務：会議・打合せ	社内研修	電話セールス	納期確認	来客対応	事務処理	積込み・受渡し	その他	休憩・食事
																						↕		↕	
9																	↕								
10	△谷△三		◎					↕															↕		
11	○沢□子	○					↕								↕										
12															↕										↕
13	□原△雄					△									↕										
14										↕					↕										
15																									
16																									
17																									
18																									
19																									
20																									
21																									
合計		訪問回数					H	H	H	H	H	H	H	H	H	H	H	H	H	H	H	H	H	H	H

集計	能動的訪問	受動的訪問	移動等	社内業務	休憩・食事	①～⑤ 計
	① H	② H	③ H	④ H	⑤ H	H
	社外業務（①～③） 計 H					

訪問先名は必ず記入する

所要時間を両向き矢印で記入する

相手の感触をこのように記しておくと実情を把握しやすい

業務時間の流れを15分間隔で示す

毎日、項目ごとに合計を出す

32 行動を分析する

■行動内容をグラフ化すると、何が非能率なのかが見えてくる

◆行動記録の集計

行動分析は行動記録を検討して問題点を見つけだし、その解決・改善策を考えていく作業です。まず次のように行動記録表を集計し、データとして整理することから始めます。

①期間中の行動記録表の各項目を集計する
②集計結果を調査した日数で割って1日当たり平均を計算する
③社外業務、社内業務、休憩・食事の業務時間に対する比率を計算する
④能動的訪問と受動的訪問の比率を計算する
⑤社外業務内訳比（社外業務の内訳の比率）を計算する
⑥社内業務内訳比（社内業務の内訳の比率）を計算する

この作業は次ページのような行動記録集計表を用いると便利です。その場合、③は表の「主構成」欄、④は表の「能受比」欄、⑤は「社外」欄、⑥は「社内」欄の、それぞれの欄のアミの入っていない部分に計算の結果を記していきます。

データの整理が終わったら、次はグラフ化の作業です。このグラフ化はそれぞれの行動が実際にどういう時間配分で行なわれているか、営業行動のパターンを視覚的に把握

◆行動記録の集計◆

ここがポイント 期間中の行動表を集計、1日当たりの平均を算出し、各項の百分比を出す

				行動記録表の集計		内訳・比率			
				期間合計	1日平均	主構成	能受比	社　外	社　内
実働時間	社外業務	能動的訪問	新規訪問						
			アプローチ						
			商談						
			販売促進						
			情報収集						
			小計　(a)						
		受動的訪問	配達・集金						
			労務提供						
			苦情対応						
			(b)						
		A＝(a)＋(b)							
		移動等	移動						
			その他						
			小計　(c)						
	B＝(a)＋(b)＋(c)								
	社内業務	会議・打合せ							
		社内研修							
		電話セールス							
		納期確認							
		来客応対							
		事務処理							
		積込み・受渡し							
		その他							
		小計　(d)							
	C＝B＋(d)								
休憩・食事　(e)									
D＝C＋(e)									

グラフでは次のことをチェックする

1. 社内業務、休憩・食事、移動時間の割合が必要以上に多すぎないか
2. 社外業務のうち、能動的訪問、とくに初回訪問の割合が少なすぎないか
3. 社外業務のうち、受動的訪問、移動時間の割合が多すぎないか
4. 社内業務で、会議・打合せ、事務処理、その他の割合が多すぎないか

するために行なうもので、ここでは③〜⑥がその対象になります。グラフは円グラフでもかまいませんが、この場合はそれぞれの大きさの違いがわかりやすいことが大事なので、次ページのように帯グラフを作成することにします。

◆行動パターンを比較検討する

グラフができたら、まず、上に記した視点で時間配分の適否をチェックしてください。

これは、できれば営業所全体で実施し、次のように比較すると、問題がどこにあるか、よりはっきりつかむことができます。

(1)自分の行動パターンは営業所全体の平均パターンとどこがどう異なるか

(2)営業成績が優秀な営業マンと比べて、自分の行動パターンはどこがどう異なるか

また、これを定期的に続けていれば、過去のパターンと比較し、自分にとって何が本当に重要な営業活動改善の課題なのかがわかってくるので、面倒がらずに続けてください。

◆行動分析グラフ◆

ここがポイント 集計結果を次のように帯グラフにして、時間配分の適否を比較検討する

業務期間の内訳（社外業務、社内業務、休憩・食事）の比率を見る

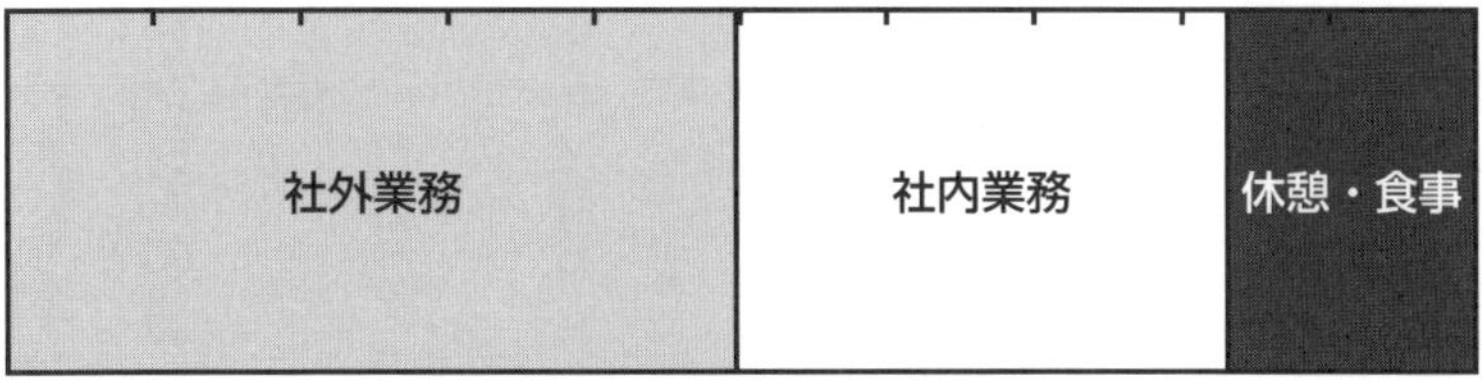

能動的訪問と受動的訪問の構成比を見る

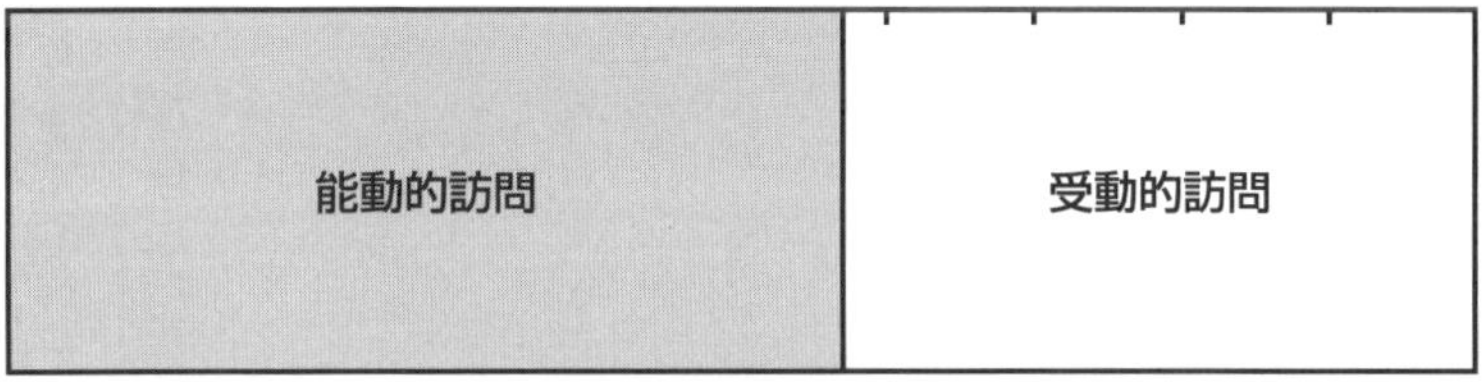

社外業務の内訳の比率を見る

社内業務の内訳の比率を見る

33 訪問件数の減少要因をつかむ

■1日の行動の流れを追いながら、何を改めれば訪問件数を増やせるかチェックする

グラフ化によって自分の行動パターンがわかりました。次に行なうのは、その行動パターンはどこに問題があるのかを見ていく作業です。

作業のポイントは、前項で作成したグラフと行動記録表をもとに、1日のすべての行動を見て、訪問件数をより多くするには何をすべきかを見ていくことです。そのために、ここでは主に次のことがらについてチェックしていくわけですが、これは次ページの行動分析表のように1日の行動を午前と午後に分けて分析するといいでしょう。

◆午前と午後に分けて分析

(1)訪問件数が適切な場合、どうすればそれをさらに増やせるか
(2)訪問件数が適切ではない場合、訪問件数を減少させている要因は何か
(3)訪問件数を減少させている要因のうち、自分自身に原因があるものはどれか
(4)訪問件数を減少させている要因のうち、会社（営業所）に原因があるものはどれか

(3)の自分自身に原因があるものは、どうすれば改善できるか、確実な方法を考え、それを以後の活動の課題としてあげ、実行していきます。

(4)の会社や営業所に原因があると思われるものについては、自分なりに改善策を考えて、セールス・マネージャーに提案しましょう。

◆行動分析表の例◆

ここがポイント 行動の分析は発生時で区分けして行なうと原因をつかみやすい

社内・社外業務行動での問題点

	午前の行動の問題点	午後の行動の問題点	時間外の行動の問題点
社外業務	・訪問に出る時間が遅い ・午前中の訪問軒数が少ない	・効率的な訪問ルートを設定していない	
社内業務	・電話セールスが多い ・伝票整理に時間がかかる ・会議が多すぎる	・いったん会社へ戻ってからの時間が長い	・伝票書きでの残業が多い

社外業務での問題点を、発生時点で午前、午後に分けて列記

時間外の行動での問題点を列記

社内業務での問題点を、発生時点で午前、午後に分けて列記

34 訪問の性格を分析する

■業績の不振は結局、能動的訪問の減少に起因する

◆能動的訪問と受動的訪問

営業のお客訪問は、性格的に次の二つのタイプに分けられます。

・能動的訪問（積極的訪問）――取引を獲得するためにお客を訪ねること
・受動的訪問（消極的訪問）――取引の獲得とは別の用件でお客を訪ねること

営業はお客と会うのが仕事だと言えます。その意味では、お客訪問の件数が多いに越したことはありません。

しかし、いくら件数が多くても、それが売上の獲得につながりにくい受動的訪問ばかりというのでは意味がないでしょう。営業で大切なのは、取引の拡大につながる能動的訪問をいかに多くするかということですから、ここではそれをチェックします。

まず、行動分析グラフで、能動的訪問と受動的訪問の比率を見てください。もしも能動的訪問の比率が受動的訪問よりも低いときは、営業鈍化の原因になり、業績不振を招く恐れがあるので要注意です。能動的訪問と受動的訪問は互いに訪問できる時間を奪い合う関係にあるため、この場合、受動的訪問に圧迫されて能動的訪問の機会が削られてしまっているものと考えられます。

能動的訪問の比率は、業種、業態、地域性、営業方針などによって異なるので、一概

◆訪問活動分析表の例◆

ここがポイント いかに能動的訪問を多くするかが行動分析の第1の目的

訪問活動分析表

	問題点	原　因	改善策
能動的訪問	行動記録表、行動分析グラフから抽出した問題点を列記する	左の欄の問題点の原因がどこにあるかを考え、記入する	左の欄の原因について解決策を考え、記入する
受動的訪問			

に何%以上がよいとは言えません。これも、できれば営業所全体で行動記録表の調査を行ない、それにもとづいて営業所としての標準値を求めて基準とするとよいでしょう。

◆訪問の内容をチェックする

能動的訪問の比率が低下する原因として目立つのは次のことです。

(a)訪問件数自体が少ないこと
(b)初回訪問が少ないこと
(c)販売促進や情報収集のための訪問がなおざりにされていること
(d)移動の時間が多すぎること
(e)会社にいる時間（社内業務の時間）が多いこと
(f)労務提供に必要以上に時間を取られすぎていること（顧客に振り回されている）

このうち、(a)と(d)と(e)は前項のチェックで発見できたはずですが、(b)や(f)のように、能動的訪問の仕方自体に内在する問題や、受動的訪問との相関関係で発生する問題はそれだけでは無理です。これはやはり、能動的訪問と受動的訪問のそれぞれの内訳比率を分析して細かく問題点を洗い出していくほかありません。

前ページの分析表はそのためのもので、これは次のように使ってください。

①行動記録表や行動分析グラフから訪問の内容をチェックし、問題と思われることをすべて「問題点」の欄に列記していく
②①で書き出した問題点を検討し、原因と思われることを書き並べていく
③②の原因の改善策を検討し自己の行動課題とする（営業所ベースのものは提案する）

35

営業マンの行動基準

■常に営業活動の量的拡充と質的向上を図ることが開拓型営業の基本理念である

◆PDCAで仕事をする

この章では営業マンの自己管理法を中心に説明してきましたが、そのアウトラインは次のようになります。

(1)お客を開拓段階に応じた五つのステップで把握する
(2)五つのステップに対応した形で営業目標を自己の目標に取り込む
(3)ステップごとに進捗状態を管理する
(4)定期的に行動分析をして効率化に努める

こうして営業の量の拡充と質の向上を実現していくことが開拓型営業の基本理念です。

マネジメントでは、業務はPDCAサイクルで行なうことが鉄則とされています。これは「試行錯誤を成長に結びつけろ」ということで、もちろん営業も例外ではありません。

常に上図のPDCAサイクルを意識して仕事に向かうよう、心がけてください。

営業マンの自己管理サイクル

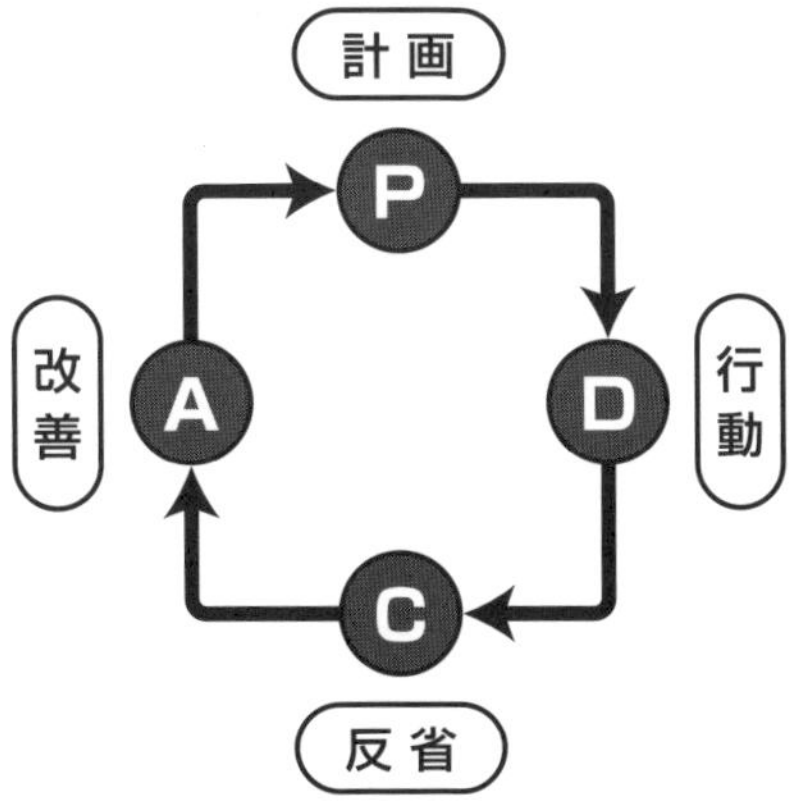

▼PDCAサイクル――Pはプラン、Dはドゥ、Cはチェック、Aはアクションの略。このサイクルは「マネジメント・サイクル」あるいは「管理サイクル」とも言い、管理業務の基準とされています

3章

開拓型営業の技術

お客を見ないで営業ができると思うな

36 ステップごとの戦略テーマ

■営業ステップとはお客を成約に近づけていくための戦略プロセス

◆お客を絞り込む

お客との関係は、開墾期、種まき期、耕作期、収穫期、深耕期のステップに分けられると言いました。この五つのステップのそれぞれのお客に対して、同時進行的に営業活動を展開し、それぞれを次のステップへ上げていく、というのが開拓型営業の戦略です。

もちろん、ステップが進むにしたがってお客は変化します。当然、それに応じて折衝の狙いもステップごとに変えるべきで、そのポイントは次のようになります。

- ・**開墾期**――可能客を見つけ、その中から買う見込みのありそうなお客を選び出す
- ・**種まき期**――開墾期で選び出したお客に働きかけ、見込みがあるものを選び出す
- ・**耕作期**――種まき期で選び出したお客に働きかけ、見込みが確実なものを選び出す
- ・**収穫期**――耕作期で選び出したお客に働きかけ、成約へ持っていく
- ・**深耕期**――既存客の中から買う見込みの強いお客に働きかけ、成約へ持っていく

次ページはこの流れを図にしたものです。これを見れば、ステップとは要するに、見込み客をより確実な見込み客へと絞り込んでいくプロセスであるということがわかります。したがって、営業活動とは、見込み客を絞り込み、成約にまで持っていくための折衝活動である、と言うことができます。

◆営業ステップとお客の変化◆

ここがポイント　営業ステップとはお客を購買まで絞り込むプロセスである

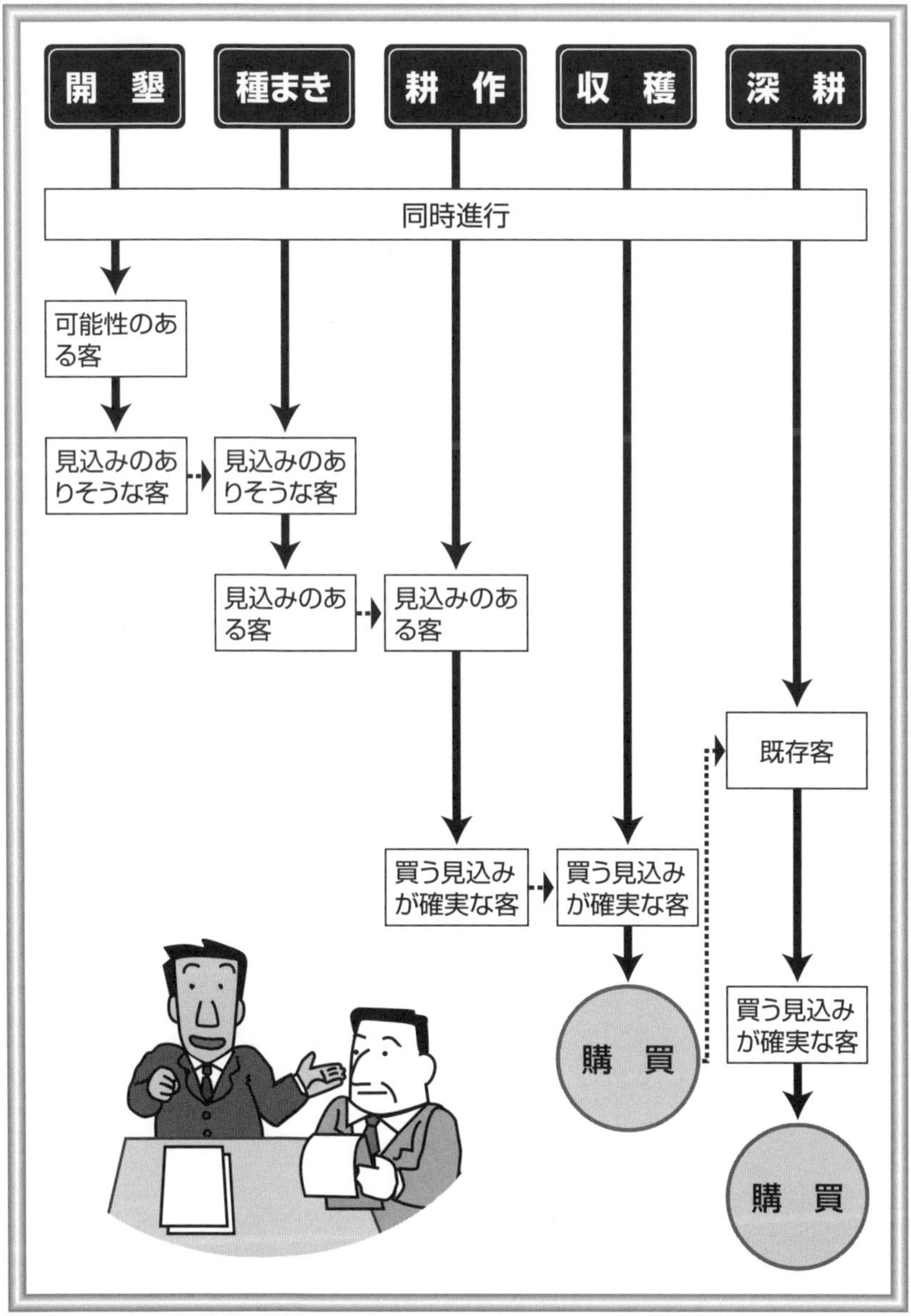

37 見込み客の判別

■ステップに応じて適切に見込み客を判別できるかどうかで、営業力は大きく異なってくる

◆営業の相手は見込み客

見込みのある客を絞り込んでいくということは、見込みのないお客を断念していくということにほかなりません。したがって、営業が相手にするのは常に見込み客である、ということになります。

見込みは、相手とのつきあいの中で得た情報や観察にもとづいて推測するものです。同じ見込み客といっても、その確実さも感触もステップによって変わるのが当たり前で、当然、それに応じた判別法が必要になります。次ページはその一例です。これによって各ステップの営業テーマを設定すると、次のようになります。

・**開墾期**――不特定客をホットCのレベルの見込み客へ絞り込む
・**種まき期**――ホットCの見込み客をホットBのレベルへ絞り込む
・**耕作期**――ホットBの見込み客をホットAのレベルへ絞り込む
・**収穫期**――ホットAの見込み客を購入へ持っていく
・**深耕期**――既存客からホットA（買い替え、新規購入）の見込み客を見出し、購入へ持っていく

各ステップでいかに的確に本当の見込み客を選び出すかが営業のポイントです。

◆見込み客の構造◆

ここがポイント 見込み客は見込みの度合いによってランク分けするとよい

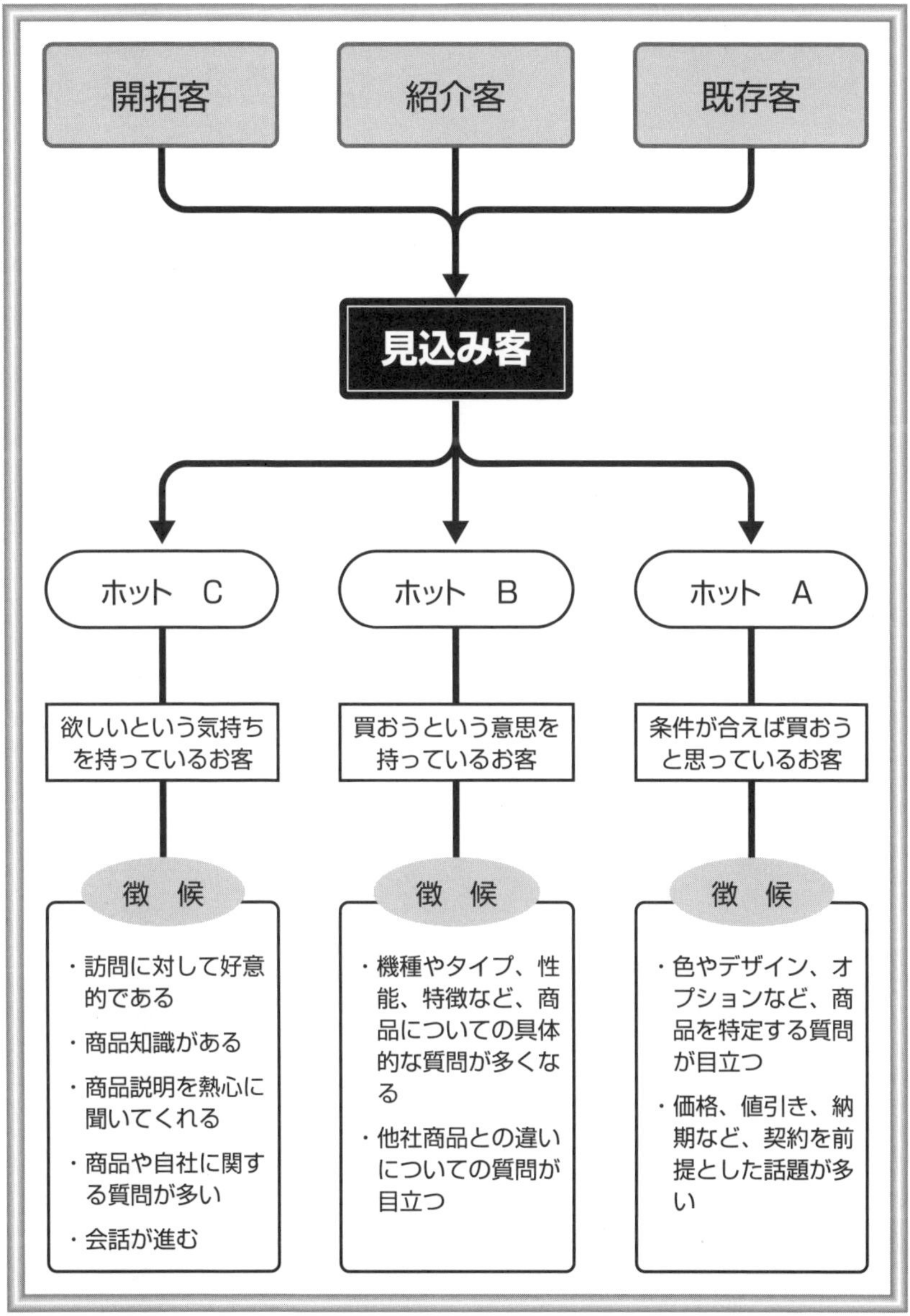
開拓客
紹介客
既存客
見込み客
ホット　C
ホット　B
ホット　A
欲しいという気持ちを持っているお客
買おうという意思を持っているお客
条件が合えば買おうと思っているお客
徴　候
・訪問に対して好意的である
・商品知識がある
・商品説明を熱心に聞いてくれる
・商品や自社に関する質問が多い
・会話が進む
徴　候
・機種やタイプ、性能、特徴など、商品についての具体的な質問が多くなる
・他社商品との違いについての質問が目立つ
徴　候
・色やデザイン、オプションなど、商品を特定する質問が目立つ
・価格、値引き、納期など、契約を前提とした話題が多い

38

4回訪問の原則

■とにかく4回は訪問し、そのうえで切り捨てるかをどうかを決めれば判断の間違いは防げる

◆毎回、狙いを変えて訪問する

見込みがあるお客かどうか感触を見て、訪問を続行するか切り捨てるかは、営業マン自身の判断にゆだねられるのが一般的です。

この場合、初回訪問で冷たくあしらわれたりするとすぐに切り捨てたり、あるいは、愛想がよいのに騙されて見込みがあると思い込み、いつまでも成約できずにいたずらに訪問を重ねているといったケースをよく見かけます。

これは両方ともいけません。前者の場合、初対面の印象だけでは本当に可能性がないのかどうかわからないはずだし、後者の場合は、ひとつの訪問の裏には必ず別の訪問が犠牲にされているわけで、そのことを考えるとあまりにもムダが多いからです。

早すぎてもだめ、遅すぎてもだめ。いつ切り捨てを決断するかは実はもっとも難しい問題で、営業マン個人では決めかねるというのが実情でしょう。

判断が難しければ、基準をつくることが必要になります。そこで考えられたのが「4回訪問の原則」です。これは、毎回の訪問の目的を明確にしたうえで、とにかく4回は訪問をして、その結果を見てどうするかを決めようというもので、その毎回の訪問基準は次ページ以降のようなものになります。

▼キーマン——営業の分野では、お客が会社など組織の場合に、その社員の中で自社のために動いてくれる重要な人物、という意味で使われています

▼アプローチブック——124ページ参照

◆初回訪問のポイント◆

ここがポイント 相手の警戒心を解き、次回につなげることが初回訪問の目的

狙い	・自分と自社の存在をお客に認知させる ・相手を知り、自分と自社に興味を持たせる	・未知の営業マンに対する警戒心を解き、継続して訪問できるようにする ・見込み客かどうか見きわめるためのお客情報を得る
行動	・自分に好感を持ってもらう	・相手が関心を持つ話題をつかみ、それを会話の芯にするとよい（その話題にくわしくない場合は知ったかぶりはせず、うまく質問をして聞き手に回る） ・自分はどういう姿勢で営業活動をしているか、お客に対してどう役立ちたいと考えているかを、さりげなく話に盛りこむ
	・自社を知ってもらう	・会社案内などを渡して、会社の方針や考え方、経営姿勢などを、企業イメージを高めるように説明する
	・相手を知る	・相手が会社などの組織の場合、キーマンが誰かをさぐる ・相手の仕事や趣味、関心事、郷里、家族構成、出身校などの情報が得られるように会話を展開するとよい
	・次回への手がかりをつくる	・「次回はこういう資料をお持ちします」などと次につながる形で終える
要領	・初回訪問ではこちらからは商談に入らないこと ・訪問時間は15分以内とするのが適切 ・訪問後に必ず「礼状」を出す（相手の記憶に残す効果がある） ・「調査」などの名目で行くと、訪問しやすい ・マナー、服装にとくに注意し、よい印象を与えるよう心がける ・話が発展した場合に備えて、アプローチブック、販促ツールなどを用意しておくとよい	

◆2回目訪問のポイント◆

ここがポイント　継続的に訪問することを印象づけ、商談の見込みを探る

狙い	・お客の自社や自分に対する警戒心を解く ・商談に入るための材料を見つける ・お客をよく知る	・お客と親しく話せるような関係の構築に努める ・どこをどう攻めればうまく商談に移行できるか、突破口を探す ・お客自身の情報に加え、類似のライバル商品の取引に関する情報を収集する
行動	・今回の訪問の正当性を印象づける	・「お約束した資料をお持ちしました」というように、前回の訪問の続きであることをはっきりさせる
	・お客とライバル会社との関係の深さを探る	・さり気なくお客がこれまで取引しているライバル会社について探る（この場合、ライバル会社をほめてやると本音を言ってくれることがある） ・部屋の様子、とくに、カレンダー、灰皿、置物、額、壁の貼り紙などに注意すると、どこと取引しているかがわかる
	・お客に「話を聞いてやってもいいな」という気持ちを起こさせる	・前回入手したお客情報をもとに、「3ほめ」つまり、会社をほめる、商品をほめる、本人の家族や趣味をほめることに徹する
	・自社への関心度や商品の印象を聞く	・ダイレクトに聞くのではなく、世間話をしながらさりげなく自社商品を話題にはさみこむなど、間接的な聞き方をする
要領	・商談への種まきのための訪問であることを第一義とする ・この段階ではまだ、相手から持ち出してこない限り商談には入らず、情報の収集に徹する ・決してライバル会社やライバル商品の悪口を言わないこと（それは、ライバル会社から商品を買ったお客の悪口になってしまう） ・2回目訪問では原則として見込み客の判定はしない	

◆3回目訪問のポイント◆

ここがポイント 商談に向けて、お客の関心を高めるのが3回目訪問の目的

狙い	・自社商品に関心を持たせる ・ホットBの見込み客を選び出す ・熱意を伝える	・商品説明を中心に、商談へのアプローチを主眼にする ・お客に自社商品を「買ってもいい」と思わせることができれば満点
行動	・商品の基本的なことを説明する	・自社商品の特徴、メリット、評判などを相手が関心を持つように説明する ・お客が「買ってもいい」という様子を見せたら、付随するサービスなどを説明する
	・情報の提供	・お客が会社や商店などの場合には、相手に必要と思われる業界や経営などに関する情報を提供し、信頼関係を強化する
	・情報の収集	・お客が会社や商店などの場合、経営に関して相談されるような関係を築くように努める ・商品の購入について、お客は内心どういう条件を求めているかを探る
	・次回の訪問につなぐ	・お客が好感を持ってくれても、一気に契約にまで持っていかず、取引条件などの交渉は次回に回すようにしたほうが、確実性が高い ・見込みがなさそうなお客も、訪問の手がかりをつくって、次の機会を待つ
要領	・こちらが急ぎすぎるとお客の警戒心を招き失敗する危険があるので、進め方は相手のペースに合わせる ・お客から「買う」という意思の表明がない限り、条件の交渉には進まないこと ・販売ツールや商品パンフレット、見本などを用意していく ・この段階では見込みがないと思われても、特別の場合を除いて切り捨ての判断はしない	

◆4回目訪問のポイント◆

ここがポイント 見込み度を判定、ホットAのお客はクロージングへ持っていく

狙い	・訪問を続けるかどうかを判定する ・商談に入れる雰囲気のお客には本格的な商談を始める	・訪問を続けるか否かの判定は、相手の様子をよく見て、慎重に決める ・訪問をやめようと判定する場合には、上司に説明できる明確な理由が必要 ・前回の訪問で商品の説明ができたお客とは本格的な取引の交渉を始める
行動	・買う意思を示してくれたホットAのお客とは具体的に取引条件を交渉する	・お客の購入意思が本物か確認できるまではクロージングに移らないこと ・お客は土壇場で迷うことがあるので、迷いをなくすための資料を用意しておくとよい
	・グレーゾーンのお客は次回につなぐ	・今回の訪問では商談にまでいけそうのない場合も、お客が軟化する可能性が見えるときには、5回目訪問のアポイントを取るなどして、次につなぐ
	・見込みなしのお客には、自社や自社商品のどこが気に食わないか尋ねる	・取引の見込みがないと思われたところは、思い切って自社に対する意見を正面から聞いて、今後の参考にする ・この段階でまだ本気で相手にしてくれないところは、自社に対して相当に根強い不信感や敵意を抱いているか、ライバル会社とかなり密着度が強いかのどちらかであると見てよく、できるだけその真相を明らかにする
要領	・敗戦した場合、担当者のアプローチの仕方が悪くて相手の信頼が得られなかったということも考えられる。自分のやり方を振り返って反省することが大切 ・5回目以降の訪問は心機一転して新たな作戦で攻めなおす。あと何回訪問してだめだったらやめるというように訪問回数を設定しておくとよい	

39 訪問の基本ルール

■訪問のルールを守らなければ、いくら4回訪問をしても的確な判断はできない

◆買いたくさせる

前項の4回訪問と営業のステップの関係は、初回訪問＝開墾期、2回目＝種まき期、3回目＝耕作期、4回目＝収穫期――と進められればそれに越したことはありません。しかし、これはお客次第で大きく変わるものなので、「○回目だからこのステップに進んでいなければいけない」などというこだわりは不要です。

ところで、いくら4回の訪問でも、毎回、態度や話し方が違っていたら、お客は変に思うでしょう。各回、それぞれの目的を念頭に置きながらコミュニケーションを深めていくのが4回訪問の戦略です。そのためには全訪問を通じて一貫した基本ルールを守ることが重要で、とくに次の点に注意してください。

(1)お客には説得ではなく提案する形で話す

(2)こちらから話すよりも相手に話させることにウエイトを置く

(3)次のステップへ急がない

営業の立場はお客と対等に取引をし、その関係を続けられるようにすることにあります。お客が納得して買うことが次につながるのですから、そのためには、買ってもらうという姿勢ではなく、買いたくなるようにすることが大切です。

40

開墾期の営業活動

■見込み客を見つけることがこのステップのポイントなので、接触の多さがカナメになる

◆未開のお客を切り拓く

開墾とは未開地を切り拓くことですが、それと同じように未開のお客を切り拓いていくことが開墾期のテーマです。ここで言う未開のお客とは、現時点で訪問活動をしていないお客のことで、次の法人や個人が対象になります。

(a)未知の不特定客
(b)紹介、来店などによるお客
(c)スリープ客、ロスト客

ロスト客やスリープ客が含まれているのは、過去はともかく現在の時点で取引のない先はすでに自社にとっては荒地化していると見なすべきだ、との考えからです。

このステップの手順は次ページのとおりで、次の三つが作業の要点となります。

(1)可能客を見つけ出す
(2)可能客から見込み客を掘り起こす
(3)見込み客に初回訪問を行ない、種まきにつなげる

すべてこの手順で進むわけではありませんが、このステップでは「見つける」ことがポイントになるのは変わりません。お客との接触を増やすことに留意してください。

▼ロスト客――過去に自社と取引があったものの、競争相手に奪われるなど、何らかの理由で疎遠になり、長いこと取引がないままでいるお客のこと

◆開墾期の進行手順◆

ここがポイント 開墾期では、いかに適切に見込み客を絞り出すかがポイントになる

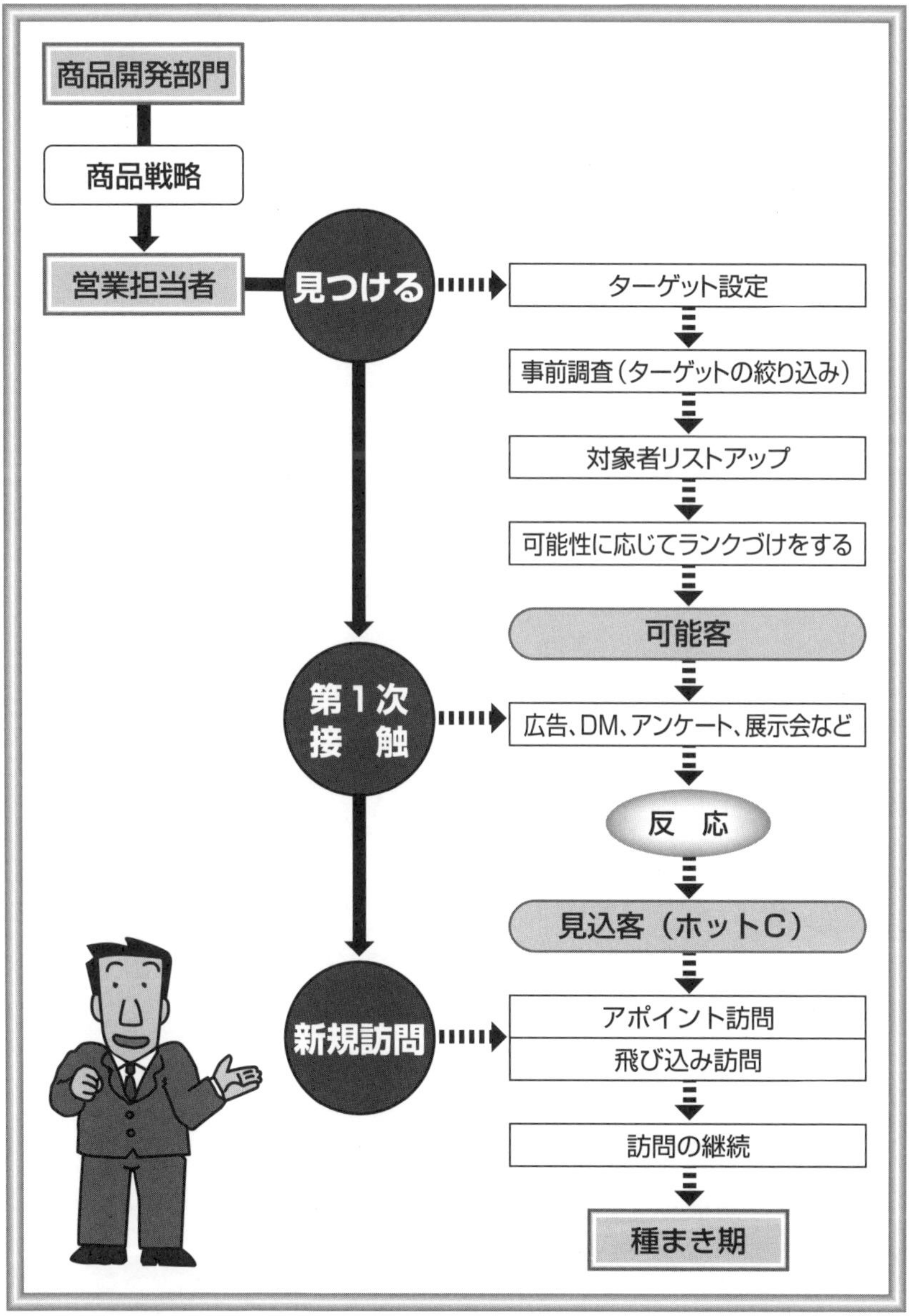

41 開拓客を見つける

■自分なりの営業ターゲットを考えることで、具体的な活動の指針が得られる

◆可能客の条件を具体化する

開墾期の対象は要するに不特定多数の人たちですが、この中から買ってくれそうなお客を見つけるといっても、あまりに漠然としていて手のつけようがありません。

そこで、まず、担当する商品はどういうお客に売れればよいか、可能なお客を見つける作業を行ないます。

その手順はおおむね次ページのとおりですが、最初に行ないたいのは、その商品がどんな客層をターゲットにすればよいかを見きわめる作業です。

商品の発売に際しては、普通、そのメーカーや本社の販売促進部門などから、その商品の詳細な説明書のほかに、開発意図（コンセプト）、マーケティングや販促戦略の資料、セールスポイント・マトリックス図（セグメント表）といった資料や情報が送られてきます。

それらには販売のターゲットも記されているはずですが、ここでは次のように現場の営業担当者の視点でそれを検討し、より具体的なものにしましょう。

①商品の説明書からどういうニーズに応えるものか自分なりに考える

②マーケティング・販促戦略の資料に記されたターゲットが、①で考えたニーズと合致

▼ターゲット――営業では中心的な狙い目の客層を言います

▼コンセプト――構想、考案が本来の意。営業の分野では「その商品がお客にとってどういう意味（価値、有用性）を持っているのかを端的に伝えるもの」として用いられています

▼マトリックス図――マトリックスは格子の意で、ものごとの特性を二元的な要素で分析し、問題の性質を見出すために用いられる図法を言います

◆可能客と見込み客の絞り込み◆

ここがポイント　お客の像を明確につかむことが効率的な営業につながる

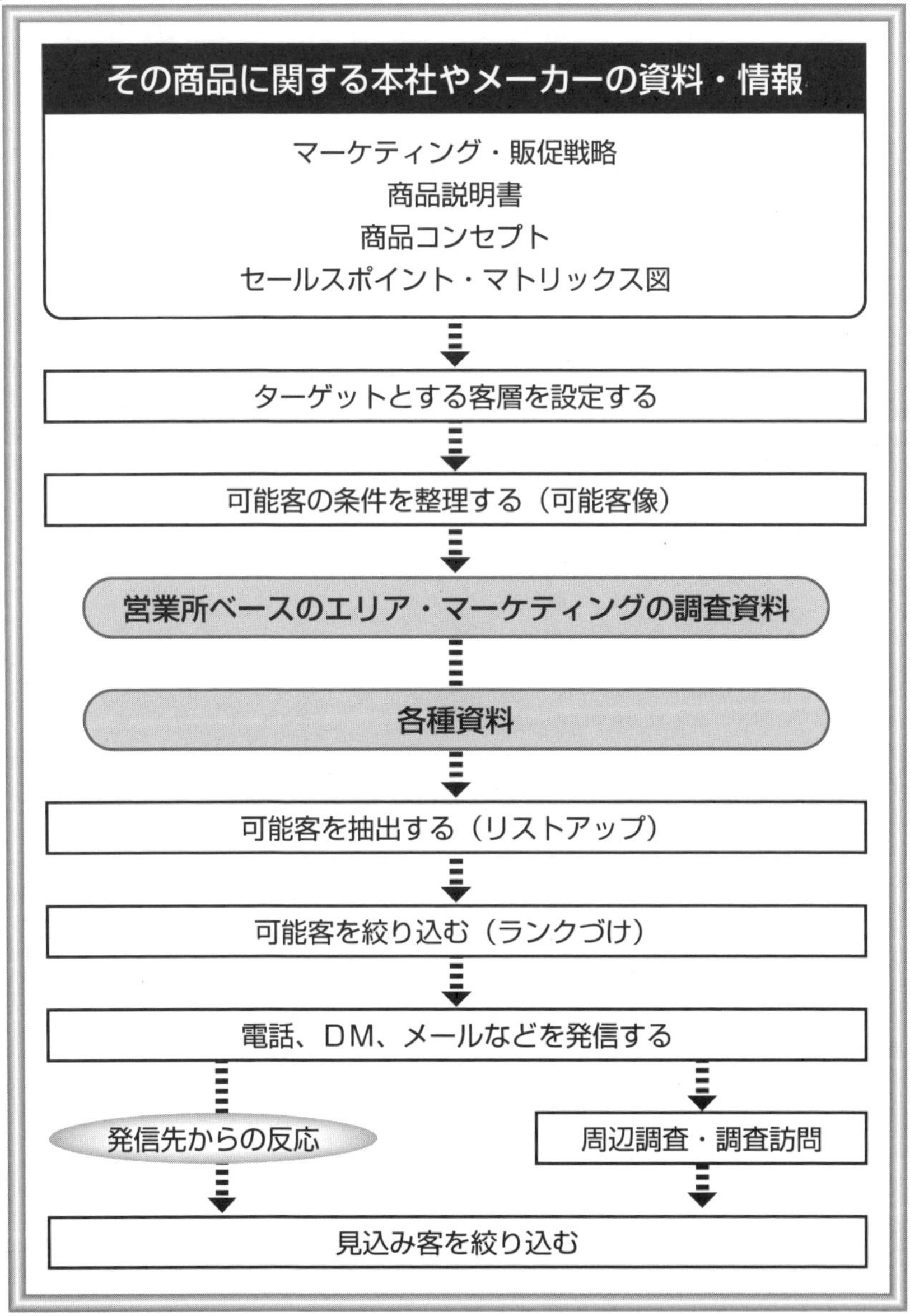

するか検討し、自分なりのターゲットを設定する

③商品コンセプトが②のターゲットに合うものか検討し、自分なりの営業のためのコンセプトをまとめる

④セールスポイント・マトリックス図で可能客の条件を整理する

そして、この④の結果から「こういう客は高い確率で買ってくれるだろう」という仮説を立てます。この仮説はこれからの営業活動の基盤となるものなので、「25～33歳の独身女性で仕事バリバリのキャリアウーマン」というように、できるだけ具体的にまとめることが肝心です。

可能客のプロフィールがまとまったら、それに該当するお客が自分の担当しているエリア（地区）にどれだけいるか調べます。

これは、営業所でエリア・マーケティングを実施していれば、まずその調査資料を調べ、さらに住民名簿、団体やサークルの会員名簿などの資料から、条件に合うお客を抽出してリストにします。

このお客情報は、一度に集めようとしても無理でしょう。普段から地元と密接につきあい、情報源となる人脈を育てるように心がけることが大事です。

可能客のリストは、個々に買う可能性を吟味してランク分けします。そして、可能性の高い順にDMや電話、メール、あるいは調査訪問などによって打診し、その反応を見て「買いそうだ」と思えるお客を見込み客とするわけです。この見込み客のリストは今後の訪問先のリストになるので、次ページのような表にしておくと便利です。

▼エリア・マーケティング――商圏ごとに地域特性や市場特性、客層などを調査し、マーケティング活動を展開すること

▼DM――ダイレクトメールの略。月並みなものは読んでもらえない恐れがあるので、自分なりに工夫して独創的なものをつくることも考えてみましょう

◆開拓客進行リスト◆

ここがポイント 開墾したお客は必ずリストを作成して進捗状況を記していく

担当 ＿＿＿＿　　　年　　月　　No. ＿＿＿＿

発生		接触手段						お客様		進捗状況			
月	日	開拓	DM等 来店	DM等 来電	展示会等	紹介	その他	氏名	住所・電話・FAX	商品説明	商談	見積	成約
5	8	○						□田商事	□□町３－12－７ ……	○ 05 12	○ 05 21	○ 05 23	○ 05 28
5	8	○						△本商店	□□町３－８－５ ……	○ 05 12	○ 05 22		

クリアしたら○印をつけ、日付を記入する

42 マトリックス図の作成

■セールスポイント・マトリックス図はお客の立場で商品特性を分析する

◆商品の性格に合わせて作成する

前項のセールスポイント・マトリックス図が本社やメーカーから送られてこない場合には、自分で作成するといいでしょう。

これは、次ページの見本のように、横の欄にお客の条件やタイプを項目別に並べ、縦の欄には売ろうとする商品の特性やセールスポイントを列記、それぞれを照合して、この商品のどういう点がどういう条件のお客にマッチするかを見るものです。

まず、お客の条件ですが、これは性別、年齢、職業、収入、趣味のほか、居住地域、用途、知識、経験、性格、未婚・既婚、家族構成など、企業ならば業種、業態、企業規模、業歴などでも類型化できるので、商品の性質に合わせて分類してください。

セールスポイントは、お客にとってはバイイングポイントそのものと言えます。したがって、これは単に商品の特徴を羅列するのではなく、それをお客の立場で見直した内容を記すことが大切です。この項目はできる限り具体的に書くようにしましょう。

このセールスポイントの欄には、商品に関することがらだけでなく、アフター・ケアなどのサービス体制、企業の姿勢なども含めます。

このマトリックス図は、商談の段階で商品を説明する場合にも役立ちます。

▼バイイングポイント——お客がその商品を購入するとき、何を重視するのかということで、「購入時重視点」とも言います

◆セールスポイント・マトリックス◆

ここがポイント 商品の特性とお客の条件を照合すると、買うお客の像が浮かび上がる

		性別		年齢			職業				年収			趣味	
商品名		男	女												
基本的性能		○	◎	△	○	◎	○	◎	○	◎	△	○	◎	△	○
		×	△	△	△	○	△	○	◎	△	×	△	◎	△	◎
		△	◎	○	◎	○	○	◎	○	○	△	○	○	△	○
デザイン性		○	◎	△	◎	○	△	○	○	○	△	◎	◎		
		△	○	△	○	◎	○	○	◎	○	◎	○	○		
					◎										
操作性					◎										
					○										
					○										
経済性					○										
					△										
耐久性					○										
					○										
重量					○										
					○										
サイズ					○										
					△										
サービス					◎										
					○										
					○										
その他					△										
					○										
計	◎の数														
	○の数														

商品に対応するユーザーの条件を列記する

商品の特性・セールスポイントなどを項目別に列記する

各欄ごとに適合する度合いを判断して、記号で記入。ここでは記号は次のように設定している
◎＝ベストマッチ
○＝適応できる
△＝無理がある
×＝問題外

数が多い条件をそなえるお客が狙い目になる

43 アプローチブックの作成

■アプローチブックを上手につくれる営業マンはお客の評価も高い

◆自家製カタログ

マトリックス図でセールスポイントがつかめたら、ここでアプローチブックをつくっておくとよいでしょう。

アプローチブックとは、営業マンが自分自身で作成する説明用の資料のことです。普通、営業マンには商品の資料としてメーカーや本社の販売促進部門からカタログや技術説明書、データ集などが渡されますが、それらは全国一律の消費者向けに作成されているので、どうしてもコンセプトや内容に地域性などの面でズレが生じがちです。それでは営業に役立たないというので、営業担当者が実際の自分のお客に照準を合わせて作成するようになったものです。

これもかつては、カタログやチラシ、雑誌などを切り抜いて作成したので大変な作業でした。しかし、現在はパワーポイントなどのソフトを用いればパソコンで簡単につくれるので、ほとんどの営業マンが実行しています。

このアプローチブックは、説明の資料として用いるだけでなく、検討用にお客にさしあげるものでもあるので、次ページのように、まず自分が担当する客層をしっかりと把握したうえで、そのニーズにフィットしたものをつくることが求められます。

◆アプローチブック作成の要点◆

ここがポイント 具体的にお客をイメージしてまとめることがアプローチブック作成のコツ

1 担当する地域の客層に向く商品の設定を考える

- その商品に対してどういうニーズを持っているか
- その商品のどのタイプ、デザインがもっとも受け入れられるか
- いくらぐらいの価格ならその商品を買うか

2 自分が営業の主力にする商品のタイプを決める

3 主力に決めたタイプをどうアピールすれば興味を持ってもらえるかを考える

4 以上をもとに、主力にした商品タイプの営業コンセプトを考える

5 パワーポイントなどのソフトで内容を編集する

- コンセプトをうまく表現できるイメージ画像を探す
- コンセプトをうまく表現できるキャッチコピーを考える
- 主力とする商品の写真を選ぶ（できるだけコンセプトに近いもの）
- コンセプトに合わせて商品の説明を書き、必要なデータをまとめる
- レイアウトをし、プリントアウトする

44 可能客の情報源

■情報交換のネットワークをどれだけ持っているかも営業力のひとつ

◆普段のつきあいが大切

開墾期でものをいうのは、可能客を見つけるための情報源をどれだけ持っているかということです。情報源は以下のネットワークが考えられますが、このいずれの場合も、普段から親しく交流して情報交換に努めることが大切です。

・**縁故**――知人、友人、先輩や後輩、親戚などに売り込んでいく方法です。これは数に限りがあり、いずれ行きづまってしまうのは目に見えているので、これらの人たちか紹介を得て、幅広く人脈を拡げていくことを考える必要があります

・**紹介**――手持ち客に紹介してもらう方法ですが、それだけにとどまらずに、さらに紹介から紹介へと人脈を拡げていく「連鎖紹介」に持っていくようにしたいものです

・**団体攻略**――特定の団体なり組合を狙って開拓していくやり方です。これもひとつの部署からほかの部署へと紹介してもらい、ネットワークを拡げていきます

・**タイアップ**――異業種とタイアップして、互いに情報や顧客を紹介しあう方法です。人の集まるところにはそれだけ多くの情報が集まるので、タイアップ先としては、美容院、理髪店、喫茶店、スナック、ブティック、ガソリンスタンド、結婚式場、スーパーなどをマークするとよいでしょう

45

可能客への接触

■第1次接触の目的は売ることではなく、訪問のきっかけをつくること

◆会社へのＤＭは個人宛てで出すとよい

リストアップした可能客に対しては、電話、ＤＭ、手紙、メールなどで接触することになります。これはお客への初めての働きかけなので第1次接触と言いますが、その目的は主として次の2点です。ここでの狙いは初回訪問へのきっかけをつくることにあります。いわゆる訪問による直接接触とはまったく性格を異にするので、注意してください。

⑴反応の有無およびその仕方を見て、取引にまで進む見込みがあるか判断するため

⑵自社、商品、自分自身の存在をアピールするため

したがって、電話、ＤＭ、手紙、メールのどの手段を用いる場合でも、「売る」という意図を表面に押し出すのは禁物です。「当社ではこのほど、こういう商品を販売することになりましたのでご案内します」という線でとどめるのがポイントで、「ご連絡をいただければ、すぐにご説明に伺います」と結ぶといいでしょう。

このうち、会社などにＤＭや手紙を送る場合には、あらかじめ電話で先方の担当者の部署や名前を尋ねてから、その人に個人宛てで出すと反応率が高くなります。

また、商品についてユーザーの反応をじかに見たい場合には、調査訪問といって、アンケートを用意し、可能客を訪問して直接に意見を聞く方法が有効です。

46 新規訪問のアポイント作戦

■法人客は担当責任者を聞き出して個人と連絡を取ることがコツ

第1次接触によって選び出された見込み客は、ＤＭなどに反応があっただけの、見込みといってもまだ不確定な段階なので、ホットＣのレベルに位置づけられます。この、見つけたばかりのホットＣの見込み客を新規に訪問し、次のステップの種まき期につなげることが開墾期の最後の仕事です。

新規訪問では事前の約束なしにいきなり訪問する飛込み訪問もよく行なわれていますが、法人客の場合にはアポイントメントを取ったほうが効果が上がるようです。

そのアポイントメントも、電話だけで申し込むのではなく、電話と面会依頼の手紙を併用する作戦を取ったほうが効果があります。これは、あらかじめ次ページの例のような手紙（相手名は空けておき、判明後に記入）を用意し、次の要領で行ないます。

◆電話と手紙を併用する

①狙いとする法人に電話をして、誰に会えばよいか尋ねる――「△△商会千葉営業所の○沢と申します。今回、弊社の商品○○のご案内をいたしたく電話しました。資料をお送りしたいので、関連の部門と責任者の方をお教えいただきたいのですが」

②教わった責任者に個人宛てで依頼の手紙を郵送する

③手紙が着いた頃を見計らって、当人にアポイントを求める電話をかける

▼面会依頼の手紙は会社宛ての「御中」で出すと、読まれずに捨てられてしまう恐れがあります。電話で先方が「会社宛てでお願いします」と言っても、しつこくならない程度に粘って、責任者の部署と氏名を聞き出すことがポイントです

◆アポ取りの手紙の例◆

ここがポイント アポ取りの手紙は「会ってもいいな」という気にさせるように書く

年　月　日

○○株式会社
管理部長
□田△郎様

△△商会株式会社
千葉営業所
○沢□雄

謹啓　時下ますますご清祥の事とお慶び申し上げます。

①　さて、突然に手紙を差し上げる非礼をお許しください。

②　弊社ではこのほど、他社に先がけて情報共有システム「○○」を販売することになり、その概要を御社にいち早くお知らせしたく、失礼とは存じながら、こうして案内をさせていただく次第です。

情報共有システム「○○」は導入金額が○万円と格安で、ホームページ作成機能や、カレンダー機能などの多くの特長を持ち、各部門間および支店・営業所間のコミュニケーションはもとより、従来は困難であった営業情報の統合に威力を発揮し、またプロジェクト進捗管理や、意思決定のスピードアップが大幅に図れるという優れたシステムで、御社のご発展にお役立てていただけるものと自負しております。

この「○○」をお役に立てていただくには、□田部長をお訪ねしてご説明させていただくのが第一と考え、こうしてお手紙を差し上げました。

③　□田部長、5分で結構です、ぜひとも私・○沢にお時間をくださるよう、お願いします。後日お電話を差し上げますので、ご都合のよろしい日時をお教えください。ご説明にあがります。

何卒、私にチャンスを与えていただきたく、重ねてお願い申し上げます。

末尾ながら、ますますのご発展を祈念いたします。

敬具

要領

①まず、一方的に手紙を出したことを詫びて、相手の反感を軽減させる

②続いて、手紙の用件を、なるべく相手が興味を持つように、簡潔に書く

③相手の名をうまく文中におりまぜると警戒心が減少する。さらに「5分で結構です」とつなげて「5分ならいいか」という気持ちにさせる

47 飛込み訪問の克服策

■飛込み訪問を数多くこなせるようになること、それが成功への道

◆嫌がられるのが当たり前

より多くお客を確保するには、新規訪問の数を多くすることが必要です。もちろん、アポイントを取って訪問できればこれに越したことはありません。しかし、中にはアポイントの取りにくいお客もいて、そんなやり方では追いつかないのが現実でしょう。その現実を克服する切り札として必要不可欠なのが、いわゆる飛込み訪問です。

とは言うものの、見ず知らずのお客を約束もなしに訪問するのは気力がいるため、ついつい行きそびれてしまっているという人も少なくありません。

たしかに、飛込み訪問では真面目に話を聞いてもらえないどころか、冷たくあしらわれるのが普通で、敬遠したくなるのも無理はないと思います。しかし、ただ嫌だからといって避け続けていたのでは問題は解決しません。嫌ならば、どうすれば嫌ではなくなるか工夫することこそ、現実を生き抜いていく知恵というものではないでしょうか。

飛込み訪問の克服策としてここで提言したいのは、次の二つのことです。

(1)飛込み訪問の時間をルール化し、集中して行なうようにする

(2)「だめでもともと」という気持ちで訪問する

(1)は「1週間に1日」とか「アポイントのない日」、あるいは「毎日、午前中」という

飛込み訪問の心構え

飛込み訪問の期間を自分で定め、絶対厳守のルールとする

訪問はなるべく数多く、集中して行なう

訪問の期間中はよけいなことは考えずに、ひたすら訪問に徹する

「とりあえず面通し」と位置づけて、訪問に過剰な期待はしない

ように、飛込み訪問のためにまとまった時間を確保し、それを自分のルールとします。そして、その時間は余計なことを考えずにひたすら飛込みに徹するのです。こうしてスケジュール化し、集中して行なえば、慣性の法則が働いて、嫌だという精神的な摩擦も消し去るでしょう。

(2)は飛込み訪問は「追い返されるのが当たり前」という心構えで向かえ、ということです。「目当ての相手に会ってもらう」とか、ましてや「よい返事をもらおう」などという期待を持つと手ひどく裏切られます。期待しなければ期待はずれもないのですから、ここは「とりあえず相手に自分が訪問したという記憶を残すことが目的だ」というつもりでいくのです。そうすれば重圧も相当に軽減されるでしょう。

48 飛込み訪問の実際

■ムダに歩かないですむように、事前に地図で訪問コースを検討することがコツ

◆前日に予定を立てる

飛込み訪問は、いざそのときになって「どこへ行こうか」と考えるようでは、長続きしません。飛込み訪問の日を決めたら、その当日は訪問だけに集中できるように、前日にきちんと予定を立てておきましょう。

飛込み訪問の予定は、開拓客進行リスト（見込み客リスト）と担当する地区の住宅地図などをもとに、次の点を考えて立てるとよいでしょう。

(1)今回は何軒のお客を訪問するか

(2)今回はどの区域を訪問の対象にするか

(3)その地域をどういう順序で回ればムダが少ないか

まず(1)の訪問件数の決定ですが、これは74ページで検討した活動目標にもとづいて設定します。

飛込み訪問は数が勝負なので、訪問の順序は移動に取られるムダな時間を少なくし、なるべく多くのお客を回れるようにすることがコツです。住宅地図で所在地や道筋を検討して、合理的なコースを決めてください。

この場合、訪問の予定区域にオフィス街や商店街などが含まれていれば、それぞれの

◆法人客への飛込み訪問の要領◆

ここがポイント　飛込み訪問は断られてもともとという気持ちで向かう

事前の準備

129ページの依頼状の先方名のないものをつくり、カタログ、自分の名刺とともに自社の封筒に入れて用意しておく

↓

先方の受付

名刺を出して、会社名、所属セクションと氏名を名乗り、用件を言い、関連部門の部署名とその責任者の名前を聞く
例／「私、○○社の○○と申します。○○という商品をご紹介にお伺いしたのですが、どなたをお訪ねすればよろしいのでしょうか」

取次いでもらえた場合

↓

当人が現れたら、名刺を出し、自己紹介をし、訪問の目的を話す
このとき、まず「5分で結構です」と言って相手が断る口実を封鎖する

↓

それでも先方が面倒臭そうな様子を見せたときは、「すぐに失礼いたしますので」と言い、安心させる

↓

そして、お客の業界や仕事など、先方が答えやすいことを質問するなどして、お客の情報を得るとともに、少しでも親しくなれるように努める

↓

タイミングを見て相手の名刺を求める

↓

再訪問できる形で辞する
例／「では、また、近くにまいりましたときに寄らせていただきますので、よろしくお願いいたします」

取次ぎを断られた場合

↓

場所を借りて、あらかじめ準備しておいた依頼状の封筒の宛名に、いま聞いた担当責任者の部署と氏名を書き込み、受付に渡す
例／「それでは、これを○○部長にお渡しいただけませんか」

↓

そのとき、○○部長がほぼ確実に在席している時間を聞いておく

↓

会社に戻ったら○○部長に電話する
例／「先ほどは失礼しました。受付の方にお願いした手紙をお読みいただけたでしょうか」

↓

アポイントを取る
「○○部長！　5分で結構です」と短時間でいいことを強調する

地域特性を考慮してコースを決めます。

たとえば、オフィス街なら午前中か午後4～5時半、商店街なら午後2時～4時というように、目指す訪問先の忙しくない時間帯を選び、それに合わせて順序を決めていくわけです。

また、ローラー作戦と言って、担当地区の可能客をシラミ潰しに飛込み訪問する場合には、次のようにするとムダがありません。

・雑居ビルやマンションなどは最上階からスタートし、1階まで全室を訪問する

・戸建ての場合は遠方からスタートし、自社に戻る形で訪問する

このローラー作戦は、アンケートなどの調査訪問をするときに、確実で有効な手段としてよく用いられています。

◆受付が第一関門

法人客を飛込み訪問した場合、受付、あるいは入口近くにいて取次ぎを頼んだ人が第一の関門になります。その際の対応法は前ページのとおりですが、目指す相手に会えたときは、１１１ページの「初回訪問のポイント」を参考に面談を行なってください。

言うまでもないことでしょうが、先方の名刺は両手で受け取り、はっきりと「頂戴します」と言います。

また、応接室などに通されたときは、相手に「お座りください」と言われるまで腰を下ろしてはいけません。そして、腰を下ろしたら、すぐにカタログを出し、なるべく相手に近い位置に置きます。

▼法人客——商店などの個人事業主は法人ではありませんが、営業では便宜的にそういうお客も含めて、個人客以外のお客を法人客と呼んでいます

49 ポスティング作戦

■個人宅への飛込み訪問は、時間をかけて相手に自分を覚えさせるのがコツ

◆断られる前提で訪問する

個人宅への飛込み訪問では、まず玄関のドアは開けてくれないと思って間違いありません。インターホンで話を通じさせられるかどうかが勝負となります。と言っても、いきなり見ず知らずの人間が来て「話を聞いてくれ」と言っても、相手は警戒するのが普通です。とくに昨今のような物騒な時代には、こちらが何を言おうと信じてはくれないでしょう。しつこくするのは禁物です。

ではどうすればよいのかというと、これはやはり、断られたら「わかりました」と素直に引き下がるのが一番です。

ただし、そのときに次のことは忘れずに行なってください。

ⓐ最初に会社名と自分の氏名のほかに、「新商品の○○のご説明に伺いました」と、商品名と用件を告げること

ⓑ引き下がる前に「それではパンフレットをポストに入れさせていただきますので、お時間がございましたらご一読ください」と断り、あらかじめ封筒に用意しておいた資料を入れてからその場を去ること

もちろんですが、(b)の封筒にはパンフのほかに自分の名刺を入れておきます。この名

刺には、「後日、近所に参りました折にお伺いさせていただきたく存じますので、よろしくお願いいたします」というように添え書きをしておくといいでしょう。

パンフは、できれば、自分の写真か似顔絵にプロフィールを添えた、手づくりのものを用意しておくと、印象に残るし、相手に好感を与えるので効果的です。

◆自作のチラシを配る

個人宅への飛込み訪問は、お客に「○○という商品の営業マンの△△が来た」という記憶を残しておくことが目的で、そうしてお客の警戒心を解き、次の訪問をしやすくするのが狙いです。

しかし、それだけでお客が気を許すと思ってはいけません。

法人客の場合には、相手もこちらを取引相手として考えているので、「メリットがある」と思えば、訪問回数が少なくても積極的に話を聞いてくれる可能性があります。訪問は先方にとっても商談の機会なので、こちらの身許が信用できるとわかれば、先方も即座に警戒心を解いてくれるのです。

ところが個人客の場合は一般的に、自宅に訪問されることを、生活空間というプライバシーの領域を侵されると受け取ります。お客にとっては、その商品を知ろうと知るまいとどうでもよいことです。それなのに、自宅に押しかけてきてそれについて話を聞けと言うのです。警戒するのは当然でしょう。

この警戒心を解くには、時間をかけて徐々に関係を築いていくしかありません。それには次に訪問するまでの間を有効に使うことが大切です。そこで実践したいのはポスティングという作戦です。

これは、定期的にチラシを自分でつくってお客宅のポストに入れ、機会を見て次の訪問をするという方法ですが、実行する場合にはとくに次の点に注意してください。

(1)ポスティングは訪問ではないので、訪問したという様子を見せないこと

(2)ポスティング時にその家の周辺をよく観察し、気づいたことをメモしておく

(1)の場合は、こちらが目立つような動きをするとお客に圧力と受け取られ、反感を買う恐れがあるのでとくに気をつけましょう。

と言っても、ポスティング中に偶然お客と出会ったときは別です。そのときは悪びれずに挨拶をして、「先日、○○という私どもの商品の件でお伺いした○○社の□□ですが、お役に立てていただければと、資料をお届けにあがりました」と、正直に説明します。ここでもしもお客から話しかけてきてくれたら、もちろん応じてください。それがそのまま商談に発展する可能性があるし、そうはいかなくても、ここでお客と親しくなれれば以後の営業にプラスになり、決してマイナスにはならないでしょう。

(2)は、そのお客の生活の様子、家族構成、趣味などを知るのが目的です。お客ごとにカードをつくってメモしておき、二度目以後の訪問で面談したときにお客が興味を持つ話題を提供するために活用します。

このポスティング作戦は地味で根気がいりますが、こまめに続けていけば、その商品に少しでも関心がある限り、ガードの固いお客もやがてはドアを開き、話を聞いてくれるに違いありません。

50

種まき期の営業活動

■開墾した土地に情報という種をまき、青々と芽吹かせる

種まき期とは、開墾した土地に種をまいて畑にすることにたとえたものです。このステップでは、開墾期で開拓したホットCレベルの見込み客を対象とし、主として次の二つを柱に活動を展開していきます。

(1)商品を中心とした情報の提供

(2)ホットBレベルの見込み客の識別

開墾のステップではお客と顔見知りになったばかりで、商品についての情報を十分に提供してはいないし、こちらもお客に関する情報を十分に得ているとは言えません。まだ互いに未知の関係にあるため、この段階で識別した見込み客はこちらが勝手に「買いそうだ」と思いこんでいるに過ぎないと言ってもよいでしょう。

その人たちを成約にまで持っていくには、情報という種をまき、それが芽を出すようにしっかりと見守ることが必要で、それを行なうのが種まき期の仕事です。

◆情報の交流

その手順をおおまかに整理すると次ページのようになりますが、ここでの情報提供は訪問によるものだけでなく、広告、展示会などのイベント情報も含みます。また、このステップでは、お客について知ることも重要な仕事です。

◆種まき期の進行手順◆

ここがポイント お客と良好な関係を築き、商品に関心を持たせる

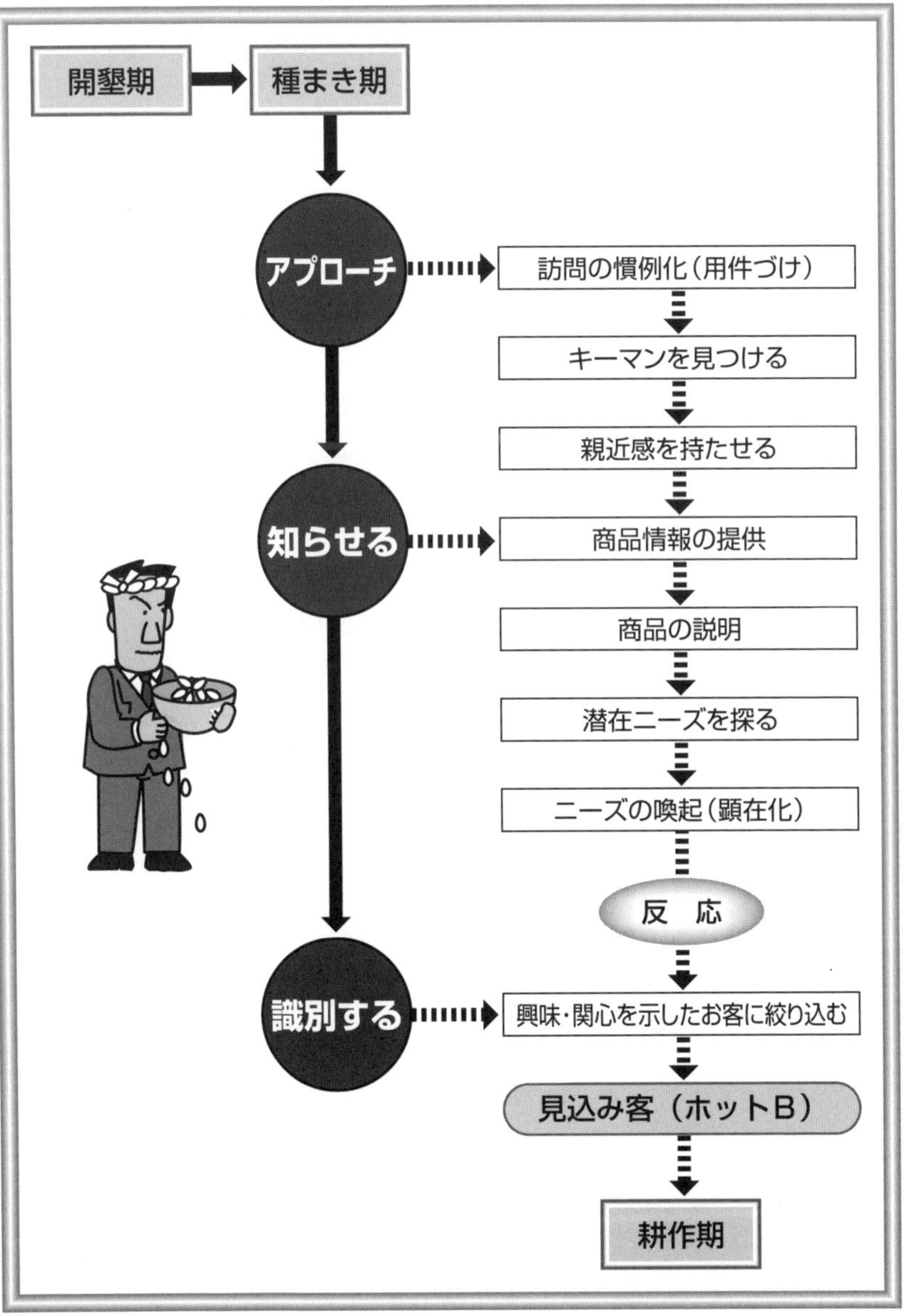

51

アプローチの基本戦略

■まず、誰に種をまけばよいのか、その相手を見つけ出すことから始める

◆真のキーマンを見きわめる

種をまくと言っても、どこにまいてもいいわけではありません。土壌を調べ、これならばきちんと芽を出すと思われるところにまかなければ、空振りに終わってしまいます。その芽を出す土壌が「キーマン」と言われる存在で、次のような立場の人を指します。

ⓐ法人客のキーマン――仕入れ部長、庶務部長など、売ろうとする商品の購入に対して決定権を持つ人、あるいは、その決定権を持つ人に対して影響力のある人

ⓑ個人客のキーマン――売ろうとする商品の購入に対してもっとも発言力の強い人

法人客、個人客、いずれにしても、このキーマンを「その気」にさせなければ成約には結びつきません。したがって、ここでは、誰がキーマンであるのかを見きわめることが第一の仕事です。そして、そのキーマンに働きかけて味方につけ、やがて商談へと持っていくのです、この一連の営業活動をアプローチと言います。

ところでキーマンですが、これは肩書きではそう見えても本当の意思決定者は別人であることがよくあります。大切なのは真のキーマンをつかむことで、それにはお客との接触を多くし、正確な情報を入手することが不可欠です。したがってアプローチでは、次ページのように口実を見つけて訪問の機会を多くすることが基本戦略となります。

▼アプローチ――新規客に接近することですが、本書では、商談にまで持っていくための働きかけという意味も含めています

◆接触機会のつくり方◆

ここがポイント どんなことでもいいから、訪問の口実になるものは何でも利用する

1 持って行く

- 展示会、企画セールなどの案内
- 新しいカタログ、新製品のカタログ
- ノベルティー・グッズ
- お客に役立ちそうな新聞、雑誌の切抜きやコピー
- お客の業界の資料やデータ
- お客のライバル企業の情報

2 教わる

- お客に教えてもらえるテーマを考え出して質問に行く
- お客の仕事や趣味に関することで問題を見つけて相談に行く

3 立ち寄る――「ちょうど近くに来ましたので」

4 頼まれる

- 頼まれたものを届ける・頼まれたことを報告（報せ）に行く
- 頼まれごとの結果がどうだったか、聞きに行く

52 ニーズの変化と営業活動

■お客にニーズの存在を気づかせ、関心を抱かせるのが種まき期の仕事

◆ニーズの二面性

直接の購買動機は各人各様でも、お客がものを買うのは、結局はそれを必要と思ったから――つまりその商品にニーズを意識したからにほかなりません。いわば、ニーズは購買意欲の源泉とも言えるもので、これをいかに的確に読みとるかが営業のカナメであると言ってもいいでしょう。

ところで、ひと口にニーズと言っても、立場ごとに見方が違うので、売る側と買う側とでは、その意味合いは次のように微妙に異なっています。

・**売り手側**――その商品はこういうお客が必要とするだろうと想定された必要性

・**買い手側**――その商品はこういう問題の解決に必要と現実的に認識された必要性

売り手側ではそれをセールスポイントとして、買い手側ではバイイングポイントとして具体的に意識されます。

この両者の内容が一致したときに売買は成立するわけですが、種まき期の段階ではニーズは売り手の側だけにあって、まだお客には存在しません。それも当然で、お客は商品の機能や特徴どころか、その存在すら知らない場合がほとんどのはずだからです。

このような、売り手のほうはあると想定しているけれど、買い手のほうではその必要

▼購買動機――ものを買う理由。人には、ものを買うときに何らかの口実を設ける習性があるとされ、営業・販売ではその口実のことを言います

性に気づいていない状態を「潜在ニーズ」と言います。

◆潜在ニーズを顕在化する

潜在ニーズは、お客がその存在を認識していないものなので、ニーズがないのと同じことです。当然ですが、これは購買には結びつきません。

売ろうとする商品を買わせるには、お客自身に、その商品へのニーズを認識させなければなりません。そのためには、たとえばパソコンを売る場合なら、次のことを行なう必要があります。

(1)パソコンというものの存在（機能、効用など）を知らせる
(2)パソコンを持つことによって解決できる問題（生活や仕事の変化）を理解させる
(3)お客自身が実際にパソコンが必要な、どういう問題を抱えているか意識させる
(4)お客がパソコンを持つとどう変わるかを認識させ、必要性を喚起する

これがニーズという面で見た、種まきステップでの仕事です。つまり、その商品の必要性を意識させることがこの段階での目的で、それをニーズの顕在化（顕在ニーズ）と言います。

しかし、この顕在ニーズはまだ、たとえば「パソコンが欲しい」といった、その商品類に対するもので、売ろうとしている商品の○○パソコンへのニーズとして特定されたものではありません。

自分の商品を売るにはその顕在ニーズを○○パソコンに対するニーズ（特定ニーズ）へと特化させることが必要で、それが次の耕作ステップの仕事となります。

▼商品類――ここでは○○社の○型パソコンといった特定の商品ではなく、パソコンという商品全般を指しています

53 営業のコミュニケーション

■種まき期のテーマは商談へのとっかかりを探り出すこと

◆本当にニーズがあるのか

見込み客を絞り込み、商談へ持っていくには、まずここで少なくとも次のことを探り出し、はたして本当に潜在ニーズが存在するのかどうかをたしかめる必要があります。

①そのお客は、売ろうとする商品類で解決可能な問題点を抱えているか
②そのお客は、売ろうとする商品類に対して関心を持っているか
③そのお客は、売ろうとする商品類をすでに所有しているか

①の問題点がわかれば、商談の段階で提案という形で活かすことができるでしょう。②で関心があるとわかれば、商談はその関心に応えるように展開する、③で競合品や旧型などを用いているとわかれば、商談ではそれらに対比させる形で自分の商品をアピールしていきます。こうして商談へのとっかかりを探っていくのです。

この場合、直截に質問するのは禁物です。この段階ではまだお客は警戒心を解いていないはずなので、根掘り葉掘り質問すれば怪しまれ、訪問を拒否される恐れがあります。

ここではお客との関係を密にして警戒心を解いてもらうことが先決で、そのためにはお客と上手にコミュニケーションができなければなりません。次ページでその要点をまとめました。これは非常に重要なことなので確実に自分のものとしてください。

◆営業コミュニケーションの要点◆

ここがポイント　アプローチでは良好なコミュニケーションを築くことが第一の課題

営業活動の対象は人である

↓

営業ではコミュニケーションの能力が重要

↓

良好なコミュニケーションを築くには相手に有益な存在と思われる必要がある

↓

有益な存在と思われるためには、相手に役立つことをする必要がある

↓

とくに営業のコミュニケーションでは「お客に役立つ交流」が重要なテーマ

↓

コミュニケーションは一方通行では成り立たない

↓

営業マンは以上のようにお客と双方向のやりとりを心がけることが必要

頼　む	⟷	頼まれる
喋　る	⟷	喋らせる
教える	⟷	教えられる
相談する	⟷	相談される
あげる	⟷	もらう
貸　す	⟷	借りる

54 アプローチの訪問

■話すよりも聞く姿勢に徹して、お客の購買意思をしっかりと観察する

◆基本は4回訪問のルール

１１０ページで4回訪問の原則について説明しましたが、種まき期の訪問はその2回目訪問～4回目訪問の要領にもとづいて行なうとよいでしょう。

その目的は買う意思のある見込み客を絞り込むことですが、お客も、すぐに話に乗ってくれる人もいれば、いつまでたってもはっきりしない人もいて、さまざまです。

話に乗ってくれたお客はその時点で次のステップに移行しますが、問題はなかなか意思を見せてくれない場合です。そういうお客もとにかく4回訪問の原則にしたがって三度は訪問します。そして、その間の変化を見て、ここで見切りをつけるか、あるいはもうしばらく続行して様子を見るかを判断します。

この判断は、ひとつ間違えると、将来は固定客となって末長くつきあってくれるかもしれないお客を捨ててしまうことにもなりかねません。慎重に行ないましょう。

お客が購買意思を見せないケースでは、次のような理由が考えられます。

ⓐ買う意思はなく、営業マンの訪問は情報収集に役立つから会っている
ⓑ必要性は認めているが、競合他社の商品にも未練を持っている
ⓒ必要性は認めているが、買うという決断にまでいたらない

(d)欲しいという気持ちはあるものの、購入のタイミングが合わない

(a)は文句なく見切るべきでしょう。問題は(b)(c)(d)のケースです。これらは通いつめて説得を続ければ買う気になる可能性もあります。かと言って、際限なく訪問し続けると、ほかのお客を開拓する機会を失ってしまうことになるので、そうもいきません。

このように顧客の反応がまちまちなのは、ニーズの認識には個人差や時間差、タイミングがあるためで、大切なのはその度合いをしっかりと見きわめ、できるだけ間違いがないように判断することです。

もしも、どうしても判断できないお客については、ダメでもともと、最後の手段として思い切ってその真意を尋ねてみるのもよいでしょう。

◆好意を持たれようと思うな

種まき期では、お客と良好なコミュニケーションを築くことがポイントになります。したがって、お客に好意を持たれるに越したことはありません。しかし、だからといって、そのことを意識しすぎるとかえって萎縮してしまい、失敗する可能性があります。ここは気負わずに、「嫌われなければいい」という平常心で向かうことが大切です。

その際の秘訣はお客先導型でいくことで、とくに次のことを心がけましょう。

(1)自分が話すことよりも、相手に話させることに主眼を置く
(2)相手の話をきちんと聞いているということを態度で示す
(3)お客に求められない限り、商品自体の説明はしない
(4)お客に頼まれたことは、安請け合いせず、期日を決めて確実に応える

55

耕作期と収穫期の営業活動

■耕作期は、本格的に商品の売り込みへ駒を進めるターニングポイント

◆購買意欲を育てる

耕作期では、種まき期で絞り込んだホットBのレベルの見込み客を、主に次のことを行なってホットAのレベルへ煮つめます。

①お客に照準を合わせた商品情報の提供、プレゼンなどで商品を理解してもらう
②商談を進め、お客の購買意欲を増進させる
③場合によってはテスト・クロージングを行ない、お客の購買意思をたしかめる

つまり、芽を出した作物を育てて実らせるように、「買おうか」という意思を示したお客を、「条件によっては買ってもよい」と具体的に購買意思を固めるところまで育てあげるのが、このステップでの仕事です。

しかし、この段階ではまだ、お客は「買う」と決断したわけではありません。決断させるには、次のようにしてお客を納得させることが不可欠で、それが収穫期の主要な仕事となります。

①お客の購入条件と当方の販売条件とをすり合わせ、相違点を明らかにする
②お客と条件の相違点について折衝し、合意点を見つけ出す
③合意しあった条件を確認してもらい、買う決断を促す

▼プレゼン——プレゼンテーションの略で、商品や企画、提案を購入あるいは採用してもらうために、意思決定者に対してその内容や効果などについて説明することを言います

◆耕作期と収穫期の進行手順◆

ここがポイント 「買おうか」を「買う」という決断に持っていく

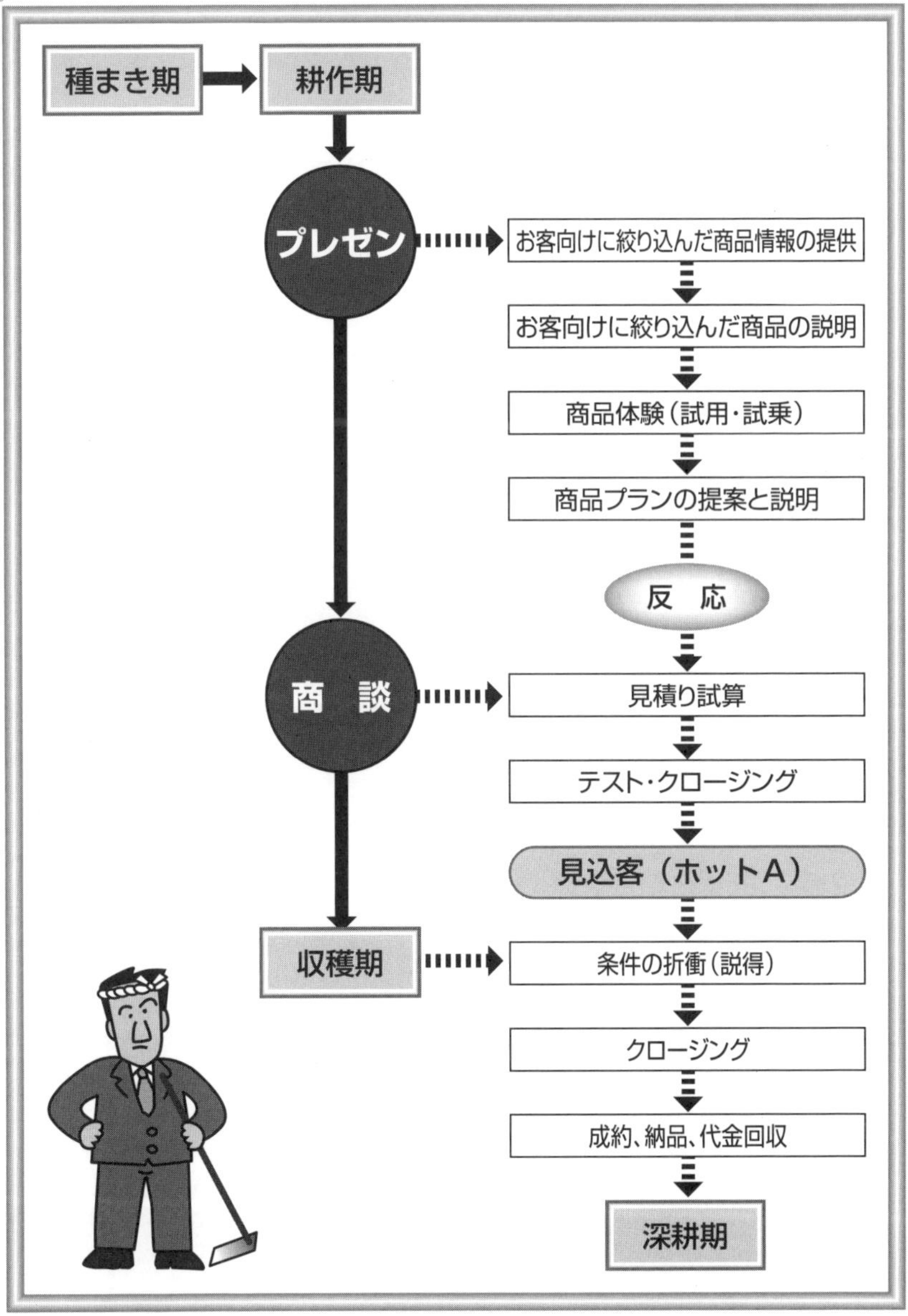

56 耕作期の訪問の性格

■この段階では「ノー」と言われたら後がないと心得ておこう

◆ヒトからモノへ、主役が変わる

種まき期の訪問は、お客との信頼関係を構築することに主眼を置いていました。いわば、これまでは取引への土台づくりをしてきたと言ってよく、これからはその土台に立って、いよいよ商品の売り込みを開始し、取引へと歩を進めていくことになります。

つまり、これまでは「ヒト（お客）とヒト（自分）の接近」を目指していたのが、これからは「ヒト（お客）とモノ（商品）の接近」が訪問の主題になるのです。

主題が変われば、当然ですが、互いの関係に変化が生じ、訪問の性格は一変します。同じ訪問でも、ヒトとヒトの接近を目的としたものは、関係がどちらかといえばアバウトなので、お客にひどく嫌われない限り多少は失敗してもやり直しがききました。

しかし、ヒトとモノの接近を目的とする訪問は、そこに利害が絡んでくるため、アバウトにすませることはできません。そういう場合、人は「イエス」か「ノー」のいずれかの態度を取るのが普通で、それがこれからの関係の基盤になる——つまり、これからの訪問では「いらない」と拒絶されたらそれでおしまいになってしまうわけです。

したがって、耕作期の訪問では、どうやって「ノー」と言わせずに話を煮つめていくかが重要なポイントとなります。

57 「ノー」と言わせない訪問術

■どういう場面でお客は「ノー」と言うかを考えれば、おのずと方策は見えてくる

◆不要な問いかけは〝やぶへび〟になる

お客に「ノー」と言われずに話を煮つめていくには、お客に「ノー」と言わせないようにすればいいわけで、それには次の三つを心がけることが大切です。

(1)お客が「ノー」と言えないモノ（商品）を薦める
(2)お客が「ノー」と言えないように会話をつくる
(3)お客が「ノー」と言いそうなときに、すかさず代案を示す

(1)は、こちらが売りたい商品ではなく、お客が買いたいと思うだろう商品を選んで薦めるということです。少しでも関心があれば、お客は「ノー」とは言わないでしょう。

(2)は、こちらから問いかけるのではなく、お客の質問を誘うように会話を持っていくということです。いたずらに問いつめたり、強引な説得を続けたりすると、反感を抱かれる恐れがあるので気をつけましょう。

(3)は、薦めた商品に対してお客が気にいらないという様子を見せた場合、「こちらはどうですか」と別のものを見せて即断されてしまうのを避けるということです。とにかく決断を遅らせて、関心をつないでいきます。そうして、いずれ「これがいい」というものを見つけ出してもらおうというわけです。

58 訪問の前に何をすべきか

■耕作期はこれまでとはまったく別のステージに立つことなので、万全の構えが必要

◆お客をどう自分の商品に引きつけるか

「買ってもいい」という意思はあるものの、どの商品を買うかはまだ決めていないというのが耕作期のお客だと言えるでしょう。いわば、選択の段階にあるということです。

この段階では、お客はより具体的な情報を欲しているはずで、おそらく、その大半は自分で積極的に商品研究を始めているに違いありません。中には、競合会社とコンタクトを取って情報収集をしている人もいるでしょう。

いざ購入となると、人は普通、あらゆる情報を集めて冷静に検討し始めます。そのため、これまで親しくしていたお客に競合他社に逃げられたという例をよく耳にします。

これを避けるには、とにかくお客を自分の商品に引きつけなければなりません。それには周到な準備が必要で、少なくとも次のことをしておきましょう。

ⓐそのお客に売れる可能性の高い商品を選ぶ

ⓑそのお客に商品の何を訴えればよいか、訴求点を明確にする

ⓒお客に応じた効果的な説明の仕方を考えておく

次ページはその手順をまとめたものです。商品の訴求点を検討する場合、123ページで説明したセールスポイント・マトリックス図があれば、それを参考にします。

◆耕作期の訪問の準備◆

ここがポイント 商品説明の訪問では十分に事前準備ができているかどうかが成否を分ける

これまでの訪問で得たお客情報

↓ 問題点、経済力、好み、願望など

1 これなら訪問するお客が購買する可能性が強いと思われる条件をまとめる

- 購入が可能と思われる価格帯
- お客にとってとくに重要な機能
- お客が好みそうなデザイン

など

2 訪問するお客に売る商品の、レベルやタイプ、デザインなどを選定する

セールスポイント・マトリックス

↓ 商品のセールスポイント

3 選定した商品の、そのお客に向けたセールスポイントを整理する

4 選定した商品とお客とを結びつけるコンセプトを考える

5 設定した商品をどういうふうに説明するか、あらすじを考える

6 お客がしてくるだろうと想定される質問への答えを考える

59 耕作期と収穫期の訪問戦略

■じっくり腰を据えて、お客を絡め取って成約に持っていこう

◆三つに性格分けをする

ホットBの見込み客は、いずれ必ずこの商品のどれかを買うと見なしてよいお客です。もちろん、お客が実際に買うのは自社からとは限らないので、それをいかにして自社から買わせるように持っていくかが、この耕作期の訪問の目的となります。

したがって、耕作期以後は何回まで行なえばよいというルールはなく、どうしてもダメと判断せざるを得なくなるか、契約の締結にいたるまで続けます。

この場合、とくに、選択肢の多い商品は結論をせかしてはいけません。毎回の訪問を次のように、提案、説明、説得と性格分けをし、よい結果が得られるまで結論を求めずに次回へつないでいって、じっくりとお客を絡め取っていくという戦術が有効です。

(1)**提案**——お客の実情に合わせて、これがよいと思う商品を薦める
(2)**説明**——薦めた商品を中心に、その利点を理解させ、購買意欲を刺激する
(3)**説得**——お客の疑問や不安などを解消し、納得して購買を決意するように促す

その進め方は次ページのとおりですが、いずれにしても、耕作期では最初に「これからは具体的に商品について説明させていただきます」とお客に告げることを忘れないでください。それにより状況が変わったことを認識させ、購買への心構えを促します。

▼質問話法——「色はシルバーでいきましょうか?」「省燃費タイプのほうをお望みですよね?」などというように、質問を積み重ねて相手の真意を探り出す会話の仕方を言います

◆耕作、収穫期の訪問の流れと要点◆

ここがポイント　耕作期の訪問は見込みがある限り、同意が得られるまで何度でも行なおう

訪問

- 「商品の説明に来た」と、訪問目的をはっきりと告げる
- 提案する商品の、お客にとっての利点を具体的に説明する
- 提案する商品に対するお客の意見を聞き、質問に答える
- お客が同意しないときは代替案を持っての再訪問を約束する
- お客が同意を示したら商談へ進む

再訪問

- 再訪問は間を置かず、お客の記憶が薄れないうちに行なう
- 前回訪問での面談の要点を確認した後、代替案を説明する
- 同意が得られれば商談へ進み、ダメなときは再々訪問を約束する
- 商談を断念する場合は、後日に訪問できる可能性を確保しておく

商談

- 説明段階で同意された事項を確認し、お客の意思をたしかめる
- 質問話法により、お客の求める商品の詳細を具現化する
- お客に商品への疑問や不安があれば説得し、納得させる
- 「買う」という意思の表明を得てから、クロージングに入る
- 成約後はいたずらに長居をせず、丁重にお礼を言って切り上げる

60 提案と説明の手順

■提案によって、お客をベストな商品に導くのが耕作期の仕事

◆お客と共同で煮つめていく

耕作期のステップは、お客をそのお客にとってもっとも有益と思われる商品へ導くことがテーマです。したがって、ここでは売るという姿勢を前面に押し出すことは慎み、お客と共にそのベストの商品を見つけ出していくという姿勢が大切になります。

その、お客との共同作業のきっかけとなるのが提案です。いざ買うものを選ぶとなると、お客はいろいろと迷うものですが、提案時に具体的な例を示すことによってその迷いに光明を当てれば、選択への道筋を示すことができると言ってよいでしょう。

もちろん、これは1回だけの提案では無理です。お客が本当に「これがよい」というものが見つかるまで、次のように「提案―説明―質問―再提案……」と繰り返していくことが必要で、それが耕作期の仕事の中心になります。

①そのお客にはどういうレベルやタイプ（組合わせ）がよいか、いくつかの案を示す
②なぜそれがそのお客に向くと思うか、各々の案についての理由を具体的に説明する
③②に対するお客の意見や要望、質問などに応えて改善案を考え、提示する
④③の案で結論が得られなければ、改めてお客の意見を聞いて次の案を提示する
⑤お客の考えが固まるまで、④を繰り返す

◆耕作期での説明の要領◆

ここがポイント　お客の利益という視点で商品を理解させることが大切

このお客には、どういう商品の構成が向いているか、いくつかの案を提示する

- 商品構成案は少なくとも次のように3つは用意しておく
- A．もっともお客に向いていると思う案
- B．A案よりもレベル（価格）が上の案
- C．A案よりもレベル（価格）が下の案

↓

各々の案について理由を具体的に説明する

- コンセプトは何か
- お客のどういう問題をどのように解決するか
- どう用いると効果的か
- 購入によってどれだけの経済的効果が得られるか

↓

各案に対するお客の意見や要望、質問などに応えて改善案を提示する

↓

改善案に対するお客の意見や要望、質問などに応えて修正案を提示する

↓

お客の考えが固まるまで修正を続ける

61 提案の作成

■お客の実情を正確につかんでいない提案は、お客を逃がすだけ

◆はじめに提案ありき

提案することとは、お客の関心を引きつけるのに最適な方法と言ってよいでしょう。提案をベースにする営業方法を提案営業と言いますが、提案営業は通常、問題解決のプロジェクト・チームを組むなど組織的に行なうものを指すものなので、営業マンが個人的に行なうものはそれと区別して提案型営業と呼びます。

誤解している人も多いようですが、提案型営業はお客への話法を「……を提案いたします」というように、ただ単に提案型にすればよいというものではありません。

提案型営業もその本質は提案営業と変わりなく「はじめに提案ありき」で、まず以下の要領で提案を作成します。

①お客のかかえる問題点をできるだけ的確につかむ

②その問題の自社商品による解決案を考える

③予算などお客の事情を考慮し、②の案を採用可能なレベルでまとめて提案とする

提案型営業の要点は次ページのとおりです。この場合、お客にはっきりと説明できる理由を持たない提案は絶対に禁物だ、ということを忘れないでください。理由を明確に示せない提案は、中傷と受け取られる恐れがあります。

◆提案型営業の要点◆

ここがポイント　提案型営業はお客との関係を親密にするための有効な手段でもある

1　提案の内容は自社の商品による問題の解決法であること

2　個人で解決できない問題は社内あるいは社外ブレーンの知恵を借りる

3　提案には、お客の問題点（ニーズ）と購入による効果を具体的に示す

4　提案は簡単なものでも必ず文書にまとめてお客に手渡す

5　提案はよりよい解決策へのテキストと考え、お客に強要しない

6　提案に対して要望が出た場合は、新たな提案として応える

62 提案型営業のルール

■提案型営業では、他人の問題という態度を絶対に見せてはいけない

◆提案書は簡易型でよい

提案は提案書にまとめて提出します。と言っても、提案型営業の場合は提案営業のように本格的な文書にするまでもありません。次ページの例のように、提案理由、内容、効果、費用が要領よく示されていればそれでいいでしょう。

提案はいわば、他人がお客のかかえている問題点をつつき出すことでもあります。自分の欠点や短所を指摘されることは誰だっていい気持ちはしないはずなので、提案をする場合にはその点への配慮が重要です。

とくに、提案を説明するときは、次のことを心がけてください。

(1)お客の目線で、お客と一緒に考えるという姿勢で説明する
(2)教える、批判する、同情するといったニュアンスの言い方や態度をしない
(3)悪い点の指摘よりも「こうすればよくなる」という点に重点を置く
(4)お客との議論は避ける（お客の意見に反論しない）

いわば、相手を傷つけないように、十分すぎる以上に十分な配慮が大切であるということです。言うまでもありませんが、最初に「失礼なことを申し上げるかもしれませんが、お許しください」と謝ってから説明に入る、という気配りも忘れないでください。

◆簡易型提案書の例◆

ここがポイント　要点を整理して、見てすぐにわかるようにまとめる

御社の情報システム強化のためのご提案

年　月　日

お客社名
先方担当者名　　　　　　　　　様

自社名
担当者名

標題の件について、誠に僭越ながら当方で検討させていただいた結果、以下のような方法を考えましたので、提案させていただきます。

提案の理由	
対象商品	
導入のご予算	

提案の効果

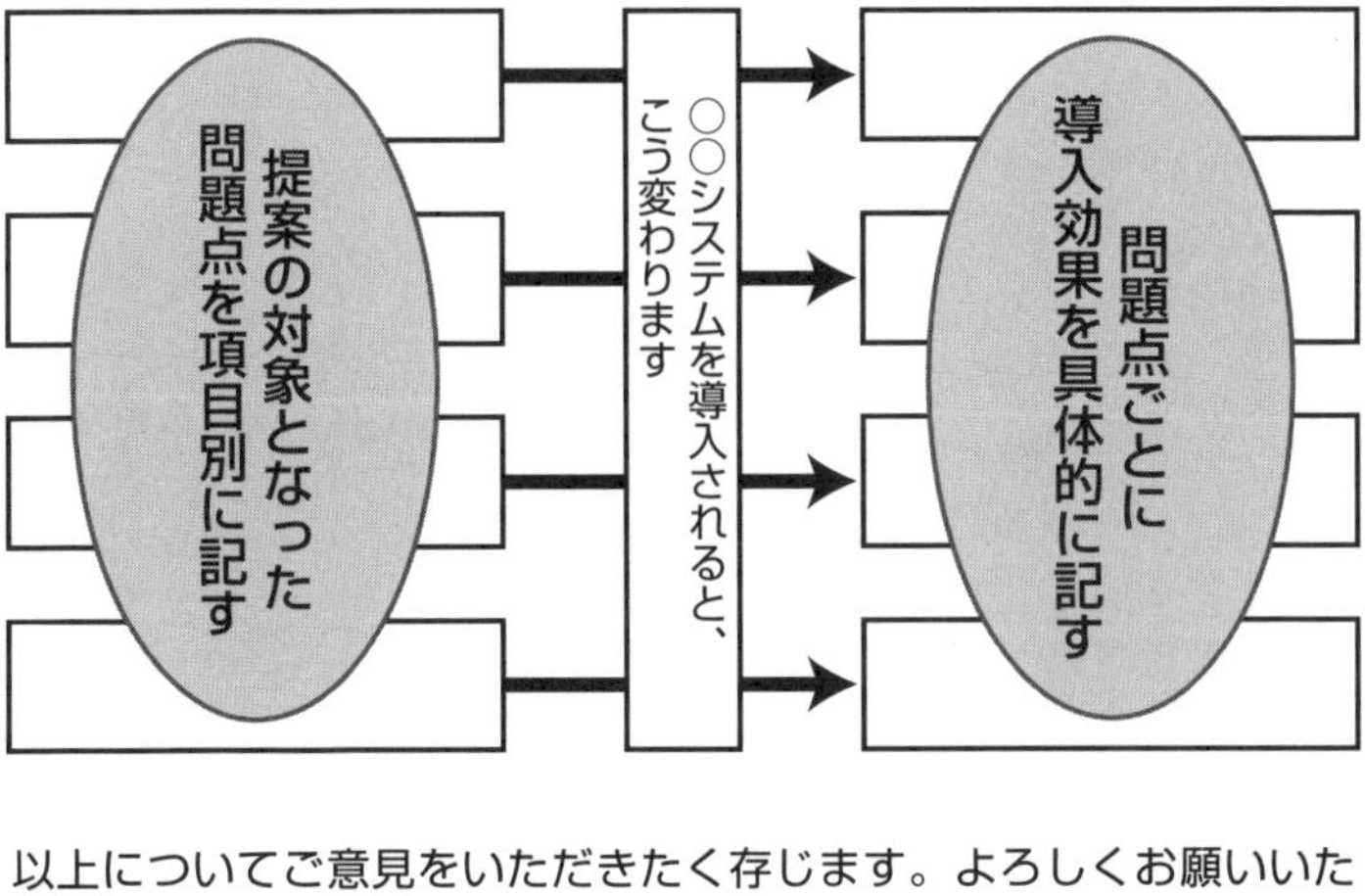

以上についてご意見をいただきたく存じます。よろしくお願いいたします。

63 説明の基本原則

■お客の疑いをなくさなければ、セールストークは始まらない

◆カタログ的説明は不要

提案型営業について見てきましたが、場合によっては、わざわざ提案という手間をかける必要のないこともあります。

たとえば、機能や効用が明確な商品とか機種の構成がシンプルな商品を扱うときや、個人のお客を相手にするようなときです。その場合には、これまでに入手したお客情報をもとに、「これならば」と思う商品を見つくろい、それを提示して説明に入ります。

説明といっても、この段階ではお客を購買へ誘導することを目的としているので、セールストークの技法が求められます。しかし、それもまず商品についてきちんと説明してからのことで、いきなり売り込みを始めるのはやめたほうが無難でしょう。

人は他人にものを薦められると疑ってかかる傾向があり、強く薦められればなお、疑いは強まります。疑いがあれば、お客は買う気にはなりません。それを強引に口説き落として売っても、後でトラブルを招くだけです。

次ページに説明の基本原則をまとめましたが、耕作期のお客は商品が「自分にとってどうか」という情報を欲しています。それに答えるのがここでの説明で、そのためにはカタログ的な一般的な内容ではなく、お客の立場で内容を吟味することが大切です。

▼購買心理――人がものを買おうと決断するまでの心の動きを言います。これは普通、①注意（関心）、②興味、③連想、④欲望、⑤比較、⑥確信――というプロセスを経て、購入にいたるとされています

◆説明とセールストークの原則◆

ここがポイント セールストークではお客に不信感を与えないことが鉄則

三つの原則

- **お客の心理を察し、それに応じて説明する**
  - なぜこのお客にはこの商品なのかを、はっきりと説明する
  - この商品を買うことで何が得られるか、具体的に説明する
  - 購買心理に対応した話し方をする
- **お客の質問には明確に答える**
  - どんな質問に対しても誠意を持って答える
  - 確信のないことは即答せず、次回訪問の宿題にさせてもらう
  - 値引きや特別なサービスなどでいい加減な約束をしない
- **商品の長所ばかりでなく、短所も説明する**
  - 短所を説明したら、必ず、すぐに続けて長所を説明する

64

購買心理とセールストーク

■お客の心理状態に合わせてセールストークのテクニックを展開する

◆安心感、魅力、利益がキーワード

お客を買う決意に持っていくには、最後まで相手の心を離さずに話を進めていく必要があります。そのために、セールストークでは次ページのようなテクニックを駆使するのだ、と言ってよいでしょう。

しかし、いくらテクニックを用いても、安心感を与え、魅力を感じさせ、利益があることを理解してもらえなければ、相手は心を動かしてくれません。

つまり、この三つをいかにお客の意識にしみこませていくかがセールストークの腕の見せどころとなるのですが、それにはお客がどういう購買心理にあるかをつかむことが必要です。そして、次のようにその心理状態に応えるトークを展開します。

・**関心**――その商品に関することがらで、お客が関心を持ちそうなことを話題にする
・**興味**――商品に興味を抱かせるように説明する
・**連想**――買った後の幸福感を連想させる
・**欲望**――「欲しい」という気持ちをそそるように持っていく
・**比較**――競合商品と比べさせて、迷いをなくさせる
・**確信**――「これがいちばんよい」と思わせる

◆セールストークの技法◆

ここがポイント お客が理解できなければ、説明にはならない

お客の言葉で話す	業界用語や専門語を不必要に用いない
お客の立場で話す	お客にどういう利益があるかを具体的に説明する
視覚化する	データ類はグラフなどで示す
商品の短所も話す	長所と並べて説明するとマイナスが軽減できる
比較させる	データを示して、ライバル商品と比べてもらう
悪口を言わない	ライバル商品の欠点をあげつらうことは控える
確認しながら話す	要点を繰り返すなどして誤解がないかたしかめる
購入したお客の例を話す	購入による効果やお客の感想を紹介する
確信のないことは話さない	その場で答えられないことは次回の宿題にする
過剰な形容詞を用いない	自画自賛はかえって逆効果になるケースが多い

65 セールストークの要点

■この段階では、お客はこちらが思う以上にシビアに話を聞いている

◆事前準備を十分に

一連の営業活動の中でも、耕作期の訪問でのセールストークは、もっとも営業力が問われるものだと言ってよいでしょう。

購買へ誘導するにはお客の実情に即して話を進めることが必要で、それはまさにお客にとって「金を払う話」以外の何ものでもありません。セールストークでの話は一つひとつが出費に関わるものなので、お客も本腰を入れてシビアな姿勢で向かってきます。

お客も本題に入ったことを意識しているので、当然、こちらが話すことはどんな些細なことも聞き逃さないでしょう。ここで間違えたことを言えば「こいつは信用できない」と決めつけられる恐れがあるし、軽率な約束をすれば言質を取られて窮地に追い込まれる恐れもあります。

そういう失敗を防ぐには、十分に事前準備をして臨むほかによい方法はありません。少なくとも、毎回、訪問の前に次のことは実行しましょう。

①前回を振り返って「今回はここまで進めよう」と訪問の目的を設定しておく
②どう話を進めるか、大まかな筋を考えておく
③必要と思われるセールスツールや資料を整理しておく

◆セールストークの要領◆

ここがポイント　セールストークはメッセージを送ることで、説得することではない

訪問の前に計画を立てる

「今回の訪問ではここまで持っていけばよい」と目標を設定する

どう話を持っていくか、大まかな筋を考えておく

必要なセールスツールなどを用意する

お客の心の動きに応じて話を進める

お客を性格などで類型化せずに、自分自身の目を信じて対応する

一方的に話さずに、なるべくお客の話を聞くようにする

延々と売り込みを続けず、途中に適切に雑談をはさみこむ

訪問の用件が済んだら、長居をせず、スマートに退散する

真の購入決定権者に照準を合わせて セールスポイントを説明する

お客が重点を置いているところをつかみ、その点を主に訴求する

購入決定者に影響力を持つ人にも訴えるように内容を考えて話す

できるだけ「宿題」をもらって帰るように努める

66 価格志向型と価値志向型のお客

■大詰めの段階で大幅な値引きを要求されないように持っていくのが腕の見せ所

◆価格の正当性を暗示する

お客は、程度の差はありますが、その志向性を見ると、大きく次の二つのタイプに分けられます。

・価格志向型――極端に言えば、1円でも安ければそちらを選ぶというように、価格で購入を決める傾向が強いタイプ

・価値志向型――多少は価格が高くても、品質や付帯するサービスを重視して購入を決める傾向が強いタイプ

このように選択の基準が異なれば、当然、セールストークの運び方もそれに応じて変えなければなりません。したがって、ここではまず、そのお客はどちらの傾向が強いのかを見きわめることがもっとも重要な作業となります。

ここでとくに注意したいのは、価格志向型です。このタイプは、かなり強硬に値引きを要求してくるし、ライバル社が自社よりも値引きすれば、これまでのつきあいも仁義もなく、平気で敵に鞍替えする恐れがあります。

こういうタイプに対しては、早いうちから次のようなことを説明して、大幅な値引きを期待させないように伏線を敷いておくとよいでしょう。

価格志向型によく見られる兆候

- とにかく値切ってくる
- ふた言目には価格に対する不満を言う
- 競合他社の商品と比較する質問が多い
- 予算不足をよく口にする
- 商品のあら探しをする

①価格構成を説明し、ぎりぎりの価格で提供していることを理解させる
②他社の同等クラスの商品と比較して優れている点を理解させる
③そのお客のニーズにいかに合っているかを理解させる
④付帯するサービスの充実ぶりを理解させる
⑤アフター・サービスの充実ぶりを理解させる

つまり、価格が正当であることをセールストークの端々におりまぜて、暗示していくわけです。これは、商談が大詰めにきた条件折衝の段階では聞き入れてもらいにくいので、セールストークの最初の段階から戦略的に進めるようにしてください。こうすれば、よほどのお客でない限り無理な値下げを要求してはこないはずです。

67 購買価値とセールストーク

■お客がものを買うのは、満足できる購買価値が得られるから

◆分子か分母か

前項の価格志向型と価値志向型の価値観の違いは、購買価値という概念で考えると理解しやすいでしょう。

まず考えたいのは「お客はなぜその商品を買うのか」ということです。言うまでもなく、その商品を購入するために支払ったものよりも大きな利益（効用）が得られると思うからにほかなりません。そして、支払い分に対してどれだけの利益が得られるかを示したものが購買価値で、これをわかりやすく示したのが次ページの公式です。

この公式の分母は、購入価格のほかに搬送料、工事費、手数料などすべての購入コストを、分子は商品そのものの資産としての価値のほかに、性能や機能による効果やデザインへの満足など、商品から得られる有形無形のあらゆる利益を含みます。

ところで、問題はこの公式の意味です。これを見ると、価格志向型は分母を小さくすることによって、価値志向型は分子を大きくすることによって、それぞれ購買価値を高めようとしているのだということがわかるでしょう。と言うことは、つまり、価格志向型のお客には分母の要素が小さいことを強調し、価値志向型のお客には分子の要素が大きいことを強調すれば、効果的なセールストークを展開できるということです。

◆購買価値と説得のポイント◆

ここがポイント　購買価値の説明は、価格志向型向け、価値志向型向けで使い分けるとよい

資産価値
性能・機能的な効果
問題解決による経済効果
デザイン性
アフターケアの内容
虚栄心の満足
実演や試用での体験効果
その他

→ 大きさを強調する → 価値志向タイプのお客への訴求要素

購買価値 ＝ 購入で得られる効用や満足 ／ 購入のために要したすべての費用

購入価格
搬送料
工事費
手数料
保険料
その他

→ 小ささを強調する → 価格志向タイプのお客への訴求要素

68 女性客へのセールストーク

■個人客への営業では、奥さんや子供に嫌われると致命傷を受ける

◆女性客の特性を理解する

セールストークは購入を促すために行なうものなので、購入を決定する権限を持つ人を相手にしなければ意味がありません。

これも、法人客の場合はこちらもそれなりに情報を集めるので、そう問題はないようですが、油断できないのが個人客での夫人や子供の存在です。

個人のお客がものを買うとき、とくにクルマなどの高額の商品の場合には、買うかどうかを決めるのはその家の主であるというのが普通でした。

ところが最近は、当のそのご亭主は自分の一存では決めず、ご夫人や子供の意見を聞いて決めることが一般化してきているのです。そのため、ご亭主にばかり話しかけて夫人や子供を軽視したりすると、裏で「あの営業マン、わたしを無視して気に食わない」と言われ、そのひと言ですべてを失ってしまうというケースも目立っています。

このように主婦を中心に女性の影響力が増大しているのが現実です。とすれば、これからの個人客への営業は、ご亭主（男性）にだけでなく、同時に奥さん（女性）にも訴えかけるようにセールストークを展開しないとうまくいかないでしょう。そのため、次ページのような女性客への対応法が現在は必須となっているわけです。

◆女性客への対応法◆

ここがポイント 一般に女性のお客に対しては次の点に気をつけるとよいとされている

理詰めの説明はしない	・商品の特徴よりも利点に重点を置く ・買った後の幸福をイメージさせる ・具体的、即物的に説明する
現物主義でいく	・商品を見せる ・商品にさわらせる
お世辞にならないようにほめる	・当人のセンスのよさをほめる ・子供をほめる ・家事が上手なことをほめる
言葉選びに気を配る	・「とても」よりも「大変に」を使う ・「安い」はあまり効果がない ・「お買い得」や「お値うち」を使う
ほかのお客と比較しない	・よその家のことをほめない ・ほかの女性のことをほめない ・ほかのお客のことを例に持ち出さない
女心に働きかける	・どんなことでも、約束したら必ず守る ・ささやかなプレゼントを心がける ・否定的なもの言いをしない
上手に助け舟を出す	・相手が迷ったときは「こちらのほうがお似合いですよ」というようにリードする

69 商談に入る

■お客の変化をしっかりと観察していないと商機を逃す恐れがあるので、注意したい

◆購入条件をたしかめる

話が順調に進むと、やがてお客は次ページのようなそぶりを見せるようになります。これらはいわゆる「クロージング信号」と言われるもので、その表われ方は人によって異なりますが、いくつか兆候が認められたら商談に移りましょう。

ここで商談と言うと違和感を感じる人もいるでしょうが、これは「取引の内容を具体的に煮つめるためにお客と話し合うこと」と受け止めてください。つまり、お客が買ってもよいというそぶりを見せたら、次のことを話し合ってたしかめ、取引の内容を明らかにしていくわけです。

ⓐ提案あるいは提示した商品のどれに関心があるのか
ⓑオプションをどうするか
ⓒどのくらいの予算を考えているのか
ⓓ納期、納入先など、その他の条件はどうか

これらをもとに見積りをしていくわけですが、ここでは契約の話は持ち出さないほうがよいでしょう。まだお客には迷いがあると見てよく、下手に追い込むとかえって疑いを持たれ、せっかくの有望な見込み客を失ってしまうことになりかねないからです。

▼商談――一般には、営業を目的にお客と面談することを言い、セールストークはその商談の主要な手段とされています。ここでは、いわゆるセールストークとは話の内容が変わるので、もっとも狭い意味で定義しています

▼クロージング信号――人によっては次ページの素振りがクロージングへの兆候ではない場合もあるので、見きわめは慎重に行なってください

◆クロージングへの信号◆

ここがポイント　お客の変化をしっかりと観察して、商談に移るタイミングをつかむ

態度の変化

- いままでに比べて目立って愛想がよくなった
- こちらの説明を、いままでよりも熱心に考え深い様子で聞くようになった
- いままでよりも熱心に質問してくるようになった
- お客同士で相談し合うことが目立つようになった
- 話の途中に質問をはさんでくるようになった
- 見本を手に取って熱心に見始めたり、実物を見たいと言い出した
- ライバル社の競合商品のカタログを持ち出してきた

質問内容の変化

- ライバル商品と比較する質問が多くなった
- 価格や値引き、支払条件、納期などについて質問してきた
- その商品をどんなお客が購入しているのか聞いてきた
- 仕様など、カタログの細かい点についての質問が多くなった
- アフター・サービスなど、購入後に関する質問が多くなった

70 テスト・クロージング

■成約の場面を擬似的に演出することで、お客を買った気持ちにさせる

◆「仮」であることを強調

商談の手段として、テスト・クロージングというものがよく行なわれています。これは、お客が信号を出しても、いきなりクロージングに入るのは危険だということで行なわれるようになったもので、擬似的にクロージング（成約）の場面を演出して購入の決心を促す方法です。

この場合、まず、「もしお買いになるとしたら」と、あくまでも仮定であることを強調して、お客を安心させます。そのうえで、「タイプはハンディ型と卓上型のどちらがよろしいでしょうか？」とか「カラーはシルバーとブラックがありますが、どちらにいたしましょうか？」などと具体的な質問を重ねていく。そうして、お客の希望や購入の要件をたしかめ、次のような効果を得ることによって、次のステップへ話を進めていくわけです。

・お客は、買うという前提で自分の考えをまとめることになり、実際に買った場合をリアルにイメージでき、迷いが払拭される
・営業マンは、クロージングに必要な取引の情報が入手でき、お客を本当のクロージングへ誘導しやすくなる

◆テスト・クロージングの方法◆

ここがポイント 仮の打診であることを強調して、お客に注文内容をまとめさせる

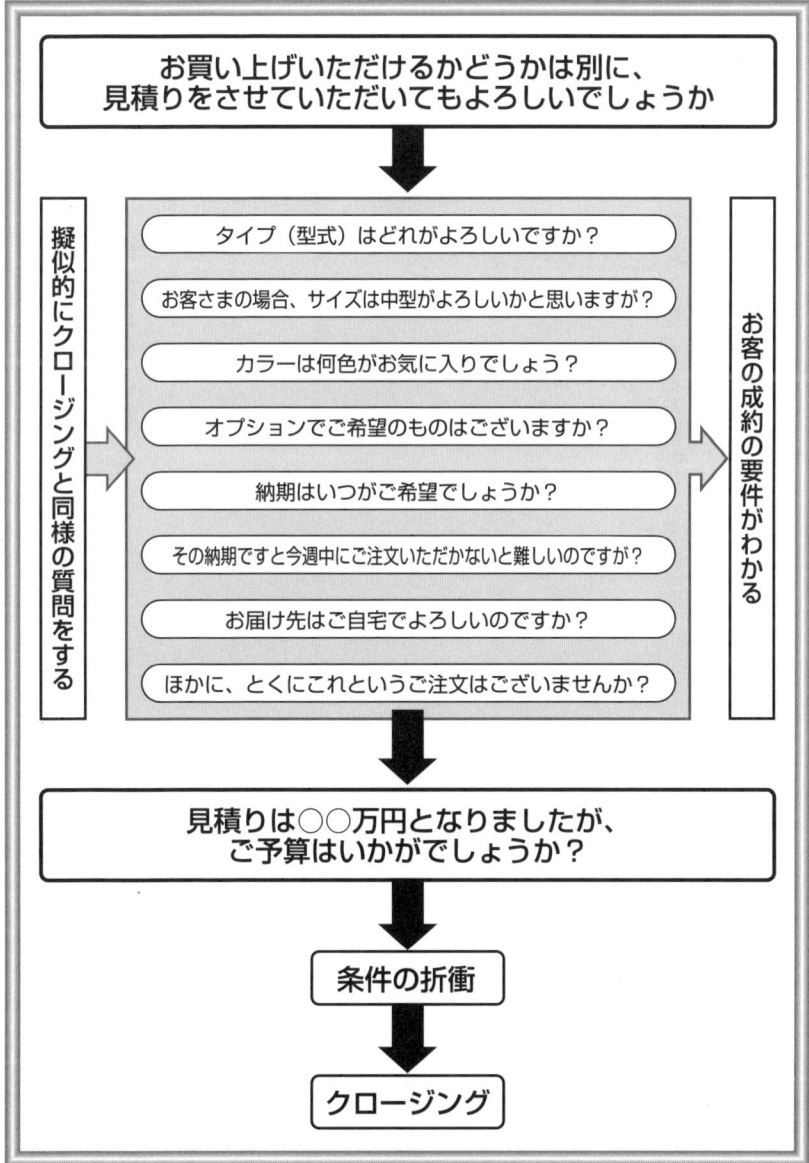

お買い上げいただけるかどうかは別に、
見積りをさせていただいてもよろしいでしょうか

↓

擬似的にクロージングと同様の質問をする ⇒

- タイプ（型式）はどれがよろしいですか？
- お客さまの場合、サイズは中型がよろしいかと思いますが？
- カラーは何色がお気に入りでしょう？
- オプションでご希望のものはございますか？
- 納期はいつがご希望でしょうか？
- その納期ですと今週中にご注文いただかないと難しいのですが？
- お届け先はご自宅でよろしいのですか？
- ほかに、とくにこれというご注文はございませんか？

⇒ お客の成約の要件がわかる

↓

見積りは○○万円となりましたが、
ご予算はいかがでしょうか？

↓

条件の折衝

↓

クロージング

71 条件折衝の要点

■購入条件と販売条件の差をどう埋めていくか、交渉力が問われる

◆結論はその場でもらおう

テスト・クロージングは、お客の迷いを取り去り、本気で「買う」と決心させるのが目的です。したがって、1回だけで終わらせるのではなく、お客がはっきりと「これがいい」と表明してくれるまで続けることが大切です。

そうして、そのお客の見込み度がホットAのクラスであることが確認できたら、本格的に取引条件の折衝に移ります。

この段階では、お客は「この条件なら買う」と購入条件を固めているはずです。もちろん、こちらにも「この条件で売りたい」という販売条件があります。ここでは、その購入条件と販売条件を摺合わせ、両者の差を縮めるように交渉し合うわけで、これは基本的に次のように進めていきます。

①購入条件と販売条件を照らし、その差を確認しあう

②お客の言い分を聞き、どの点にとくにこだわりが強いかを探る

③お客と交渉し、合意点を探る

合意点が出たら、その場で相手に正式に結論を出してもらうことが大切です。ここで時間を与えると考えを翻されてしまうケースが多いので、注意してください。

◆条件折衝の流れ◆

ここがポイント 条件の折衝は次のような流れを意識して進めるとよい

購入条件と販売条件の差を照合する

▼

差の大きさをお客に認識させる

▼

お客の言い分を聞き、
どの点にとくにこだわりがあるのかを探る

▼

お客の提示した予算の範囲内で条件の個々について折衝する

▼

お客の言い分のうち
飲めるものは、サービスであることを強調して受け入れる

▼

こだわりの小さい点については、
お客の気分を害さないように説得して諦めさせる

▼

こだわりの大きい点は「こちらならご予算で十分ですが」
と代案を出して説得する

▼

「これを諦めていただければこちらはご希望に添えますが」
と折衝し妥結点を探る

▼

妥結案のお客にとっての利点を説明し、納得してもらう

▼

合意が得られたら、できるだけその場で契約の印をもらう

72 反論にはどう応酬するか

■お客の言うことを否定せずにこちらの言い分を通すことが商談のコツ

◆まず相手の言葉を肯定する

買うと決めれば「より有利な条件で買いたい」と思うのは当然です。条件折衝の段階では、お客も本気で商談に入ります。そして、さまざまなサービスを要求してきたり、ときには商品の短所などを指摘してくるはずです。

もちろん、それらをすべて聞き入れていたら商売にならないでしょう。かと言って、「ダメです」と無下に断るとか、「そんなことはありません」などと言い返したり、反駁しても意味がありません。言うまでもなく、「じゃあ、いらないよ」と言われてしまえばそれまでだからです。

この攻撃をどうかわして相手を説得するかが勝負となるのですが、ここでは、たとえ相手がどんな理不尽なことを言ってきても腹を立ててはいけません。こちらが感情的になれば相手も感情的になり、話はこじれるだけだからです。

この場合、相手の言うことが間違っていても、とにかく「そうですね」と肯定的に応じましょう。そして、相手の気持ちを害さないように気をつけながら、こちらの言い分を伝えていきます。

これは次ページの三つの方法からもっとも適切と思えるものを選ぶとよいでしょう。

◆応酬話法と説得話法◆

ここがポイント お客を言い負かしても説得したことにならないということを覚えておこう

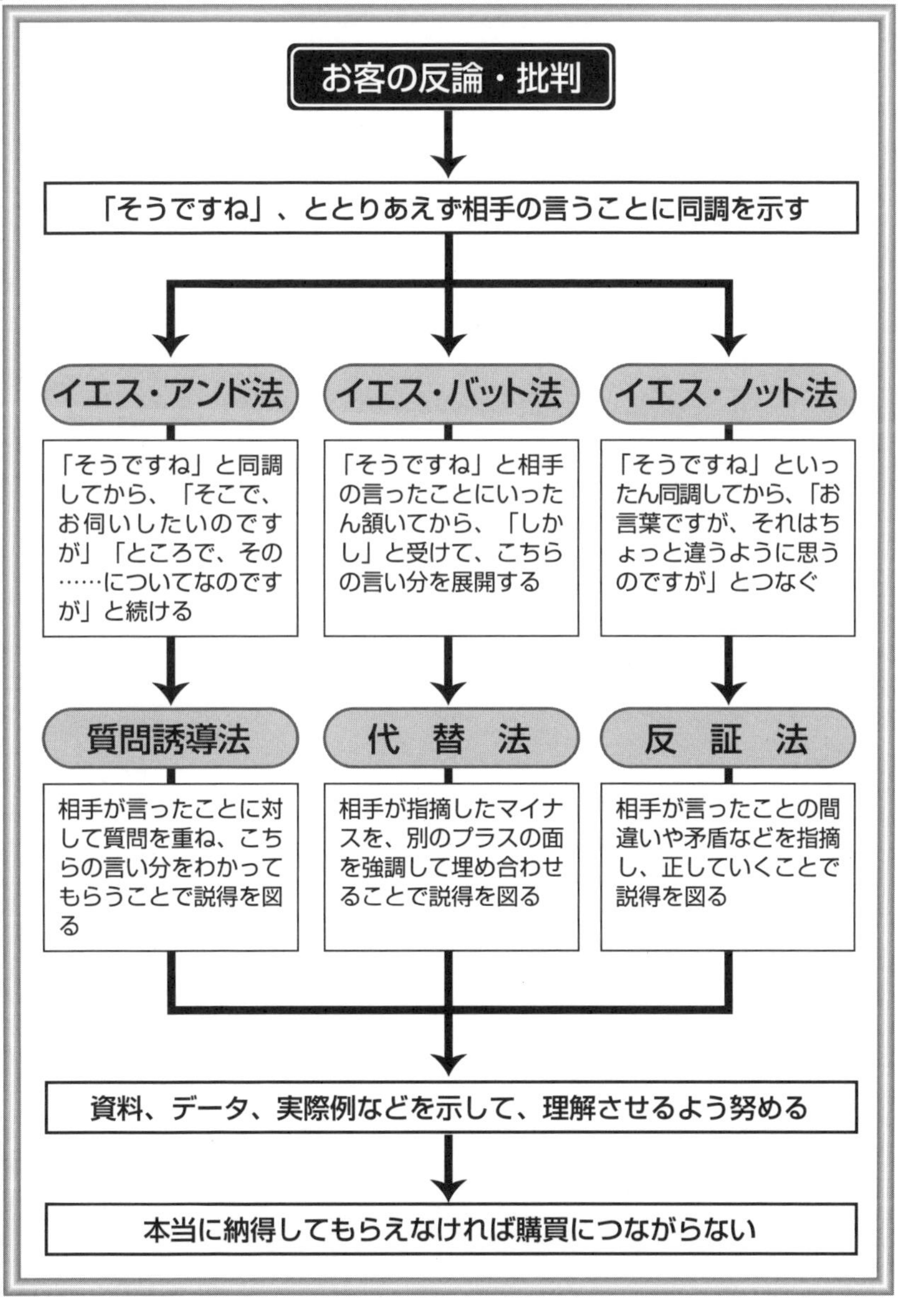

お客の反論・批判
「そうですね」、ととりあえず相手の言うことに同調を示す
イエス・アンド法
「そうですね」と同調してから、「そこで、お伺いしたいのですが」「ところで、その……についてなのですが」と続ける
イエス・バット法
「そうですね」と相手の言ったことにいったん頷いてから、「しかし」と受けて、こちらの言い分を展開する
イエス・ノット法
「そうですね」といったん同調してから、「お言葉ですが、それはちょっと違うように思うのですが」とつなぐ
質問誘導法
相手が言ったことに対して質問を重ね、こちらの言い分をわかってもらうことで説得を図る
代　替　法
相手が指摘したマイナスを、別のプラスの面を強調して埋め合わせることで説得を図る
反　証　法
相手が言ったことの間違いや矛盾などを指摘し、正していくことで説得を図る
資料、データ、実際例などを示して、理解させるよう努める
本当に納得してもらえなければ購買につながらない

73

値引き要求にどう対応するか

■お客の言うままに値引きをしたのでは、営業にはならない

◆値引きは癖になる

条件の折衝での最後の難関が値引きの要求です。成約も間近になると、ここが勝負とばかり、お客は厳しい要求を出してきます。「値引かなければほかで買うよ」などと脅されればつい弱気になりがちですが、それではいけません。

なぜ値引きがいけないかは、言うまでもないでしょう。値引きは利益を減じるものだからです。自分の業績を悪化させるだけでなく、会社の利益率をも悪化させ、乱発すれば価格の信頼性を損ない、会社の信用を失墜させる恐れもあります。

値引きは、どこかで歯止めをかけないと際限なく繰り返すものです。営業マンとして成功するには、これをきちっと断ち切る必要があります。それにはまず、次の覚悟を持って、毅然と対応しましょう。

(1)値引きはしないという決意を持ってお客に向かわなければいけない
(2)値引きする場合、お客の要求額をそのまま受け入れてはいけない
(3)値引きする理由、値引きできない理由をはっきりと説明できなければいけない

お客の言うままに値引きをして、いくら多く売っても、利益がなければ営業とは言えません。そんなことは誰でもできるということを肝に銘じておきましょう。

◆値引きの弊害◆

ここがポイント　値引きの乱発は結局はマイナスしかもたらさない

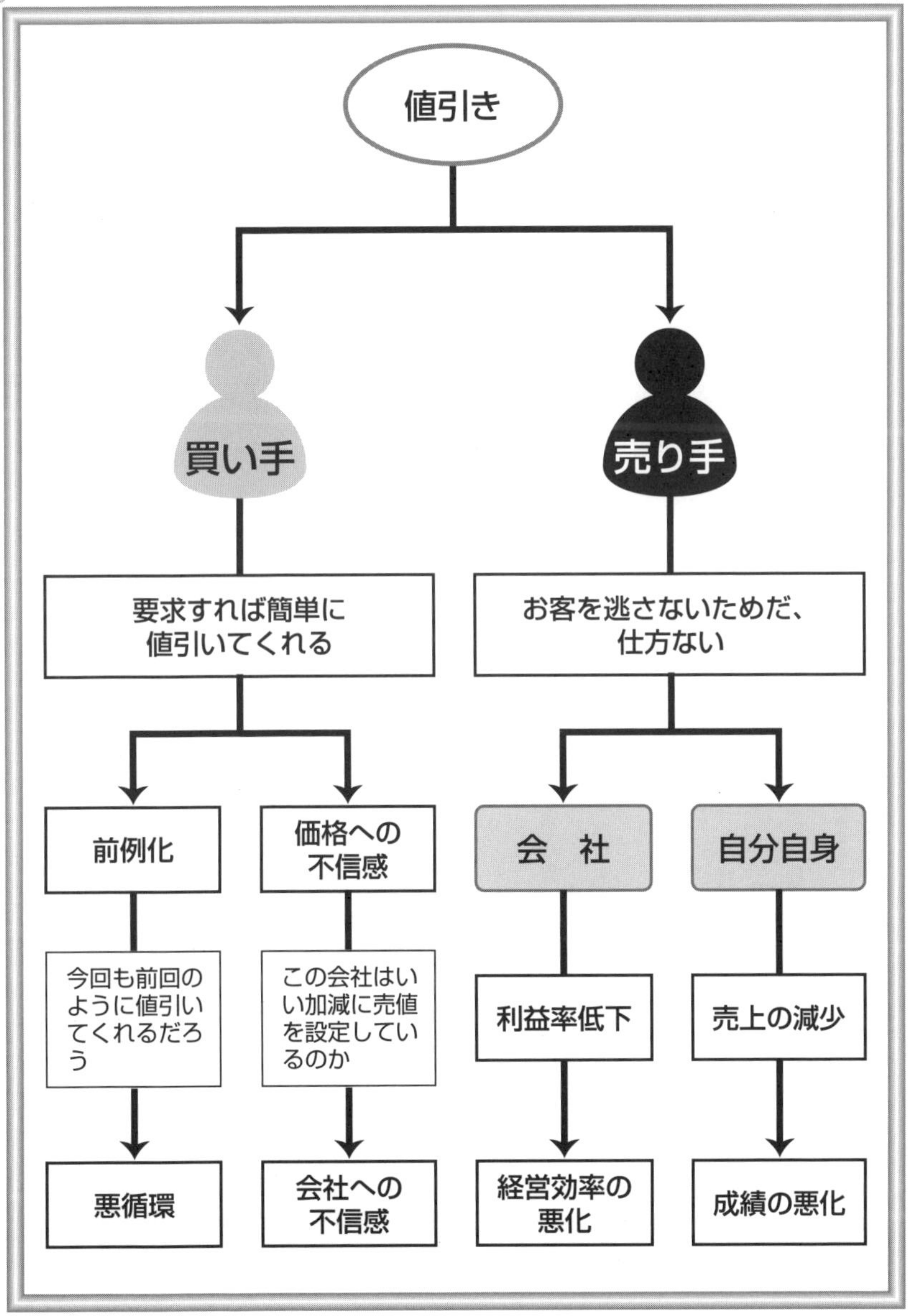

74

値引き要求の説得法

■お客は正確な商品の価値を知らずに値引きを求めてくることが多い

◆お客は納得したがっている

前項で「値引きはしない」という決意を持て、と言いました。と言っても、何が何でも頭からだめと断れという意味ではありません。できるだけ値引きせずにすむように、値引いても最小限で収まるように相手を説得しよう、ということです。

頭から拒否したら、お客は立腹して、商談はその場で決裂してしまうでしょう。そうなら最初の訪問でそう断ってしまえば、わざわざ苦労してここまで訪問を続けてこなくてもよかったわけです。

その逆に、「値引いてもいい」という気持ちがあれば、説得にも力が入らないでしょうし、結局はお客の言うままに値引かざるを得なくなるに違いありません。これも、最初の段階で相手の求めを聞いて値引いてしまえば、それですみます。

しかし、それでは営業とは言えません。ここで考えなければいけないのは、なぜこの段階にきて値引きの要求が出るのか、ということです。

それは、お客にすれば、「本当に満足できた、と納得したうえで買いたい」からにほかなりません。少しでも値引きさせれば、それだけよい買い物をしたことになる。そう思うから、成約を目前にして「納得して買えるように値引いて欲しい」と要求してくるの

値引き要求の構造

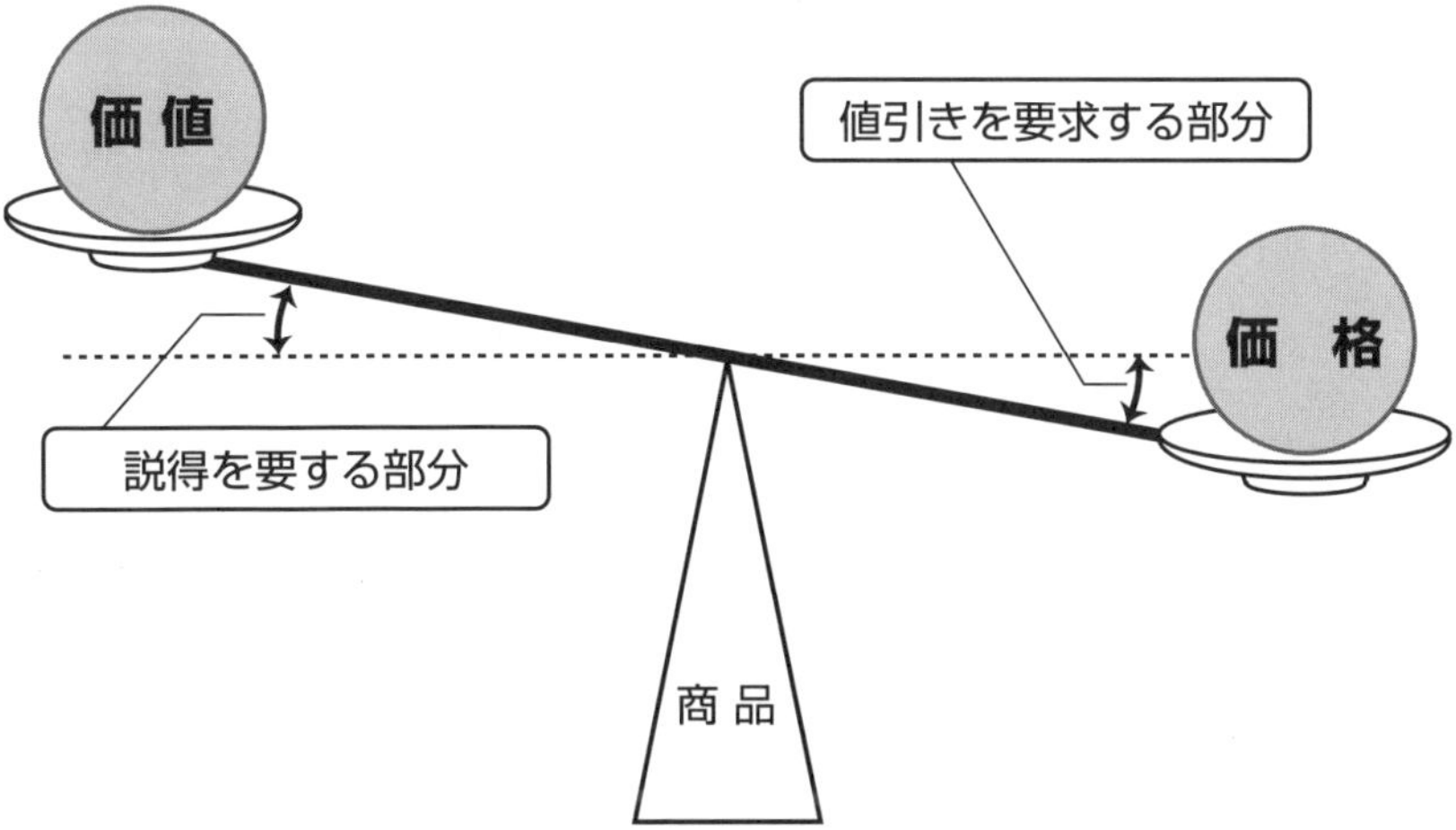

です。

◆営業の土台づくり

お客が納得を求めているのなら、こちらはお客に十分に納得してもらえるように説得する必要があります。

納得すれば、例外はあっても、ほとんどのお客は無謀な要求は取り下げてくれるはずです。いわば、どこまで納得したかで値引きの妥結額は決まるのだ、と言ってよいでしょう。

つまり、値引きの折衝とは、単に金額だけの駆け引きではなく、お客に納得して買ってもらうための説得の行為でもあるのです。

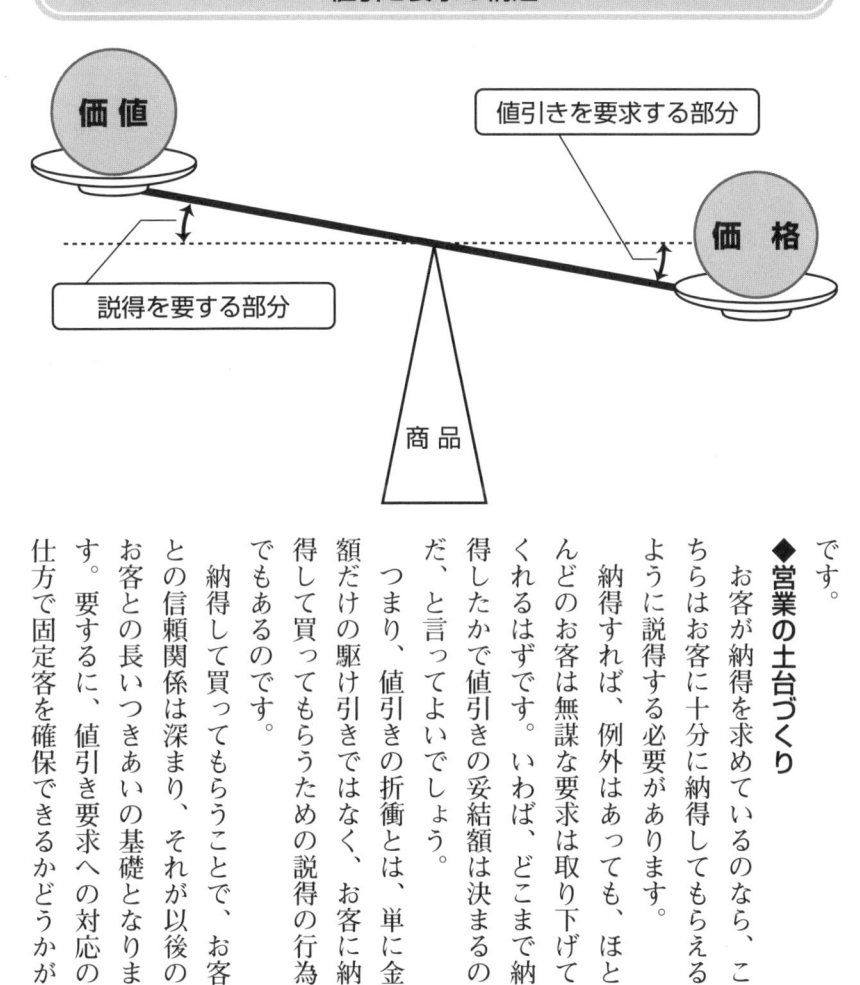

納得して買ってもらうことで、お客との信頼関係は深まり、それが以後のお客との長いつきあいの基礎となります。要するに、値引き要求への対応の仕方で固定客を確保できるかどうかが

決まるわけです。その意味で、値引きの折衝は営業の土台づくりだと言えるでしょう。

◆購買価値で説く

お客が値引きを要求するのは、商品の価値と価格のバランスが取れていないと思っているからだと考えてよいでしょう。お客は価格に納得していない。購買価値が低いと思っているのです。

つまり、「商品を買うことで得られる利益」が「商品を買うためにかかる費用」よりも小さいと思っているから、その「商品を買うためにかかる費用」を小さくしようとして値引きを求めてくるわけです。

この場合、お客は必ずしも商品を購入することで受ける便益を正当に理解しているとは限りません。むしろ、ほとんどが実際よりも過小に評価していると見てよいでしょう。この誤解を解かなければ、説得も空回りするだけです。

したがって、ここでは、その商品によって得られる利益にはどれだけの価値があるのか、お客にきちんと理解してもらうことが先決となります。これは、商品はもちろん、サービスやアフター・ケアなどについても、購入すればどういう便益が得られ、それを金額に換算すればどれぐらいになるか、ていねいに説明してください。

中には、「B社はこれだけ値引くと言ってる」などとライバル社と比較してくる人もいます。この場合、自社はこういう点でB社と違うということを具体的に説明するのがベストです。あらかじめ次ページのように強みをまとめておいて説得の材料にするとよいでしょう。

▼購買価値――170ページを参照してください

◆強みの一覧表◆

ここがポイント ライバルと比べた自社商品の強みを表に整理しておくと折衝で役に立つ

	強　み	ライバル社との比較	金額換算
商品の機能・性能			
ランニングコスト			
商品のデザインやスタイル			
商品の耐久性			
ブランドの信頼性			
技術力			
自社独自のサービス			
アフターサービス			
その他			

75 値引きのボーダーライン

■値引くと決めたら毅然として値引くこと、その姿勢がお客の信頼を深める

◆決裁枠を前提にするな

説得によってお客を納得させても、いったん値引きという言葉が話題にのぼったら、何らかの数字を出さなければ収まらないお客もいるでしょう。

金額のやり取りでもっともいけないのが、小出しで値引くことです。このやり方だとお客に足もとを見られて、ずるずると際限なく引きずられてしまう恐れがあります。

値引くとなったら毅然として値引く。それが主導権を確保し信頼を強めるのです。そのためには、値引き額のボーダーラインを設定しておく必要があります。これは売り手も買い手も納得できる価格であることが肝要で、次の点を考慮して決めましょう。

ⓐ自社の事情から見た適正と思われる金額
ⓑ自分の利益目標から見た適正と思われる金額
ⓒ市場の相場（実勢価格）で見た適正と思われる金額

会社によっては、営業担当者には一定の値引き枠（決裁枠）を設けているところがあります。しかし、これはいわば、最悪の場合に備えた目安であって、決してその金額で売れというものではありません。最初から値引き枠に頼ることはやめましょう。

値引いたら、なぜその金額なのかをきちんと説明し、お客を納得させることが大切です。

76 クロージングの要点

■買い物をした後、お客は必ず買ったことを後悔する

◆後味よく終わらせる

買うことでお客の合意が得られれば、クロージングに入ります。クロージングとは商談のしめくくり、つまり契約を締結することで、これは普通、次のように進めます。

①購入する商品の内容を説明し、了承を得る
②納品、支払いなどの条件について確認を得る
③保証期間など、その他の契約条項について説明し、了承を得る

要するに、契約書の内容を確認してもらうわけです。そして、お客に異存がなければ契約書に調印し合い、それで一件落着となります。

このとき、成約できていくらうれしくても、お客の前で喜びをあらわにしないように注意しましょう。と言うのは、「揺り戻し」と言って、お客は成約直後に「買ってよかったのだろうか」と不安や後悔に似た気持ちを抱いている場合が多いからです。

揺り戻しは、ひとつ間違えると「騙されたのではないか」という疑心暗鬼に発展することがあります。そうならないためには、成約後に揺り戻しを直しておく気配りが必要です。「この商品は人気が高くて品切れになることが多いんですよ。お客さまはよいお買い物をなさいました」といった、お客を安心させるひと言を添えるとよいでしょう。

4章

顧客深耕の技術

アフターができない営業マンは大成しない

77 深耕期の特異性

■既存客は、いつでも、誰でも見込み客になる可能性を持っている

◆直線形と循環形

これまで、開墾期、種まき期、耕作期、収穫期、それぞれのステップのお客に対する営業活動について見てきました。深耕期ではそうして成約を得た新規客が対象となりますが、活動の性格はいままでとは異なります。

次ページをご覧ください。これを見ればわかるように、いままでの活動の流れは、不特定客→可能客→見込み客→新規客という形で、特定のお客を成約へ絞り込んでいくものでした。狙いを定めたお客に対する飛込み訪問をスタートに、成約というゴールへ向かって行くもので、いわば直線形の活動と言えます。

しかし、深耕期はスタートもゴールも明確ではないし、お客もいままでのように段階的に区分けしてつかむことはできません。過去に取引のあるすべてのお客（既存客）が対象で、絶えずその中から見込み客を見出し、商談をしかけていくことになります。

つまり、深耕期のお客は、誰でも、いつでも、見込み客になり得るのです。商談はどこからでも始まるし、ひとつの成約は次の商談につながる可能性を持っています。その意味で、深耕期の営業活動は循環形であると言ってよいでしょう。とすれば当然、直線形とは活動の仕方を変える必要があります。

▼既存客と新規客――取引をしたばかりのお客は、新たに成約を得たという意味で新規客です。しかし、それはまた、すでに取引のあるお客でもあるので、ここでは既存客として位置づけられます

◆深耕期の性格◆

ここがポイント　新規客開拓の営業は直線形だが、深耕期の営業は循環形

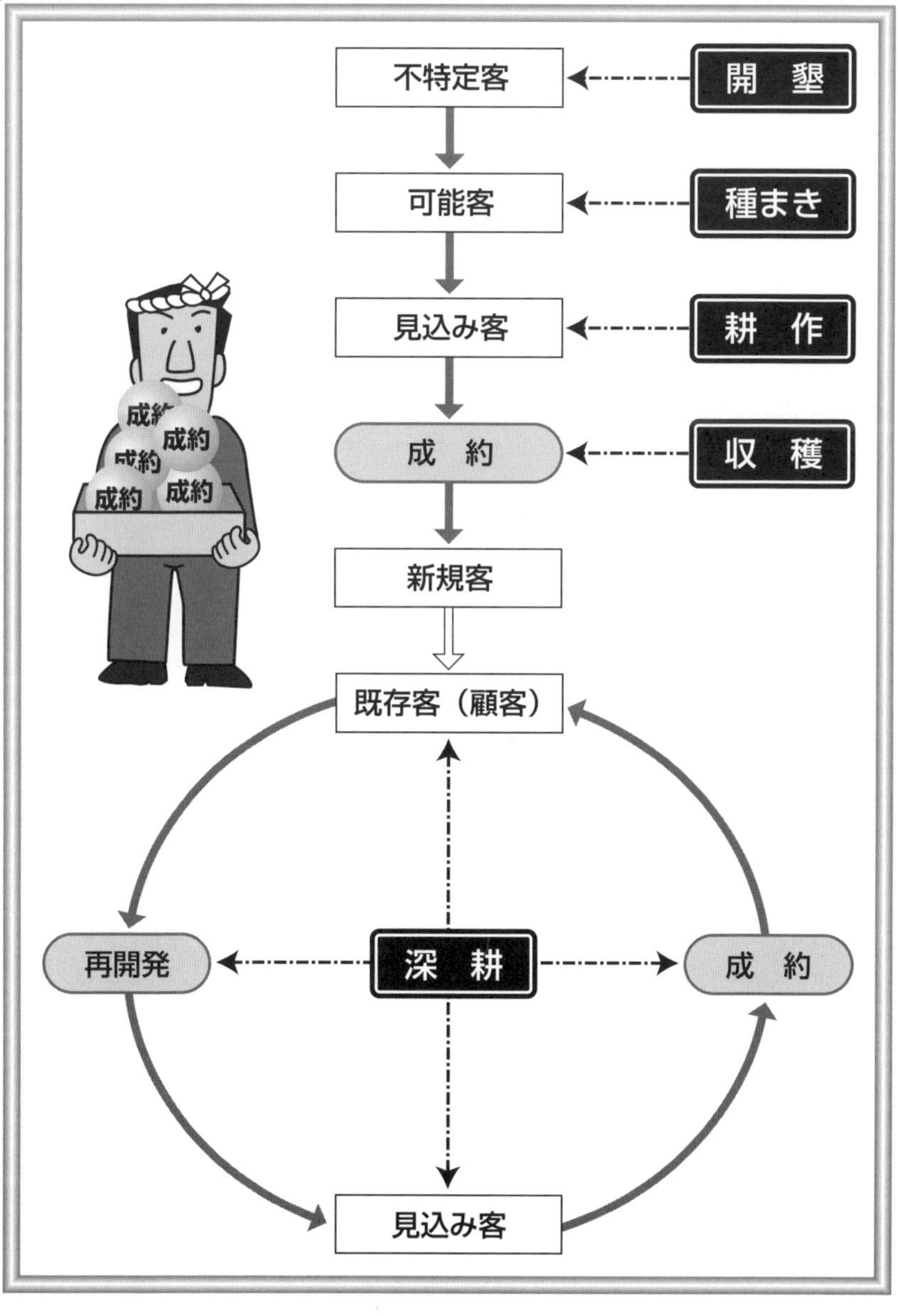

78 深耕期の営業活動

■開墾地を豊饒の田畑に育てあげていくのが深耕だ

◆肥料はコミュニケーション

既存客は「畑」であると言ってよいでしょう。不特定客という未開地を開墾し、種をまき、耕して、ようやく収穫を得た。その作物を刈りとった後の状態が既存客です。

作物を刈り取っても畑は畑で、労力を注いできた分、たとえば次のような未開地とは異なる利点があります。

- 荒地を切り拓く労力が不要
- どういう肥料が地質に合うかわかっている
- どの作物が収穫可能か予測しやすい

大切なのは、いかにしてこの利点を活用し、豊かな収穫に結びつけるかということです。そのためには、こまめに耕し、肥料をやるなどの手入れが不可欠で、それが深耕期の仕事となります。

次ページはその流れを見たものですが、これはひと言で言えば、コミュニケーションを絶やすなということです。どんなによい畑でも施肥や耕作をせずに放っておけば荒地と化してしまいます。お客も同じです。足が遠のけば、すぐに忘れられてしまいます。成約して、「一件落着」などと油断して、時機を逃さないように注意してください。

◆深耕期の進行手順◆

ここがポイント 既存客からより豊かな収穫が得られるように、肥沃な土壌を育成する

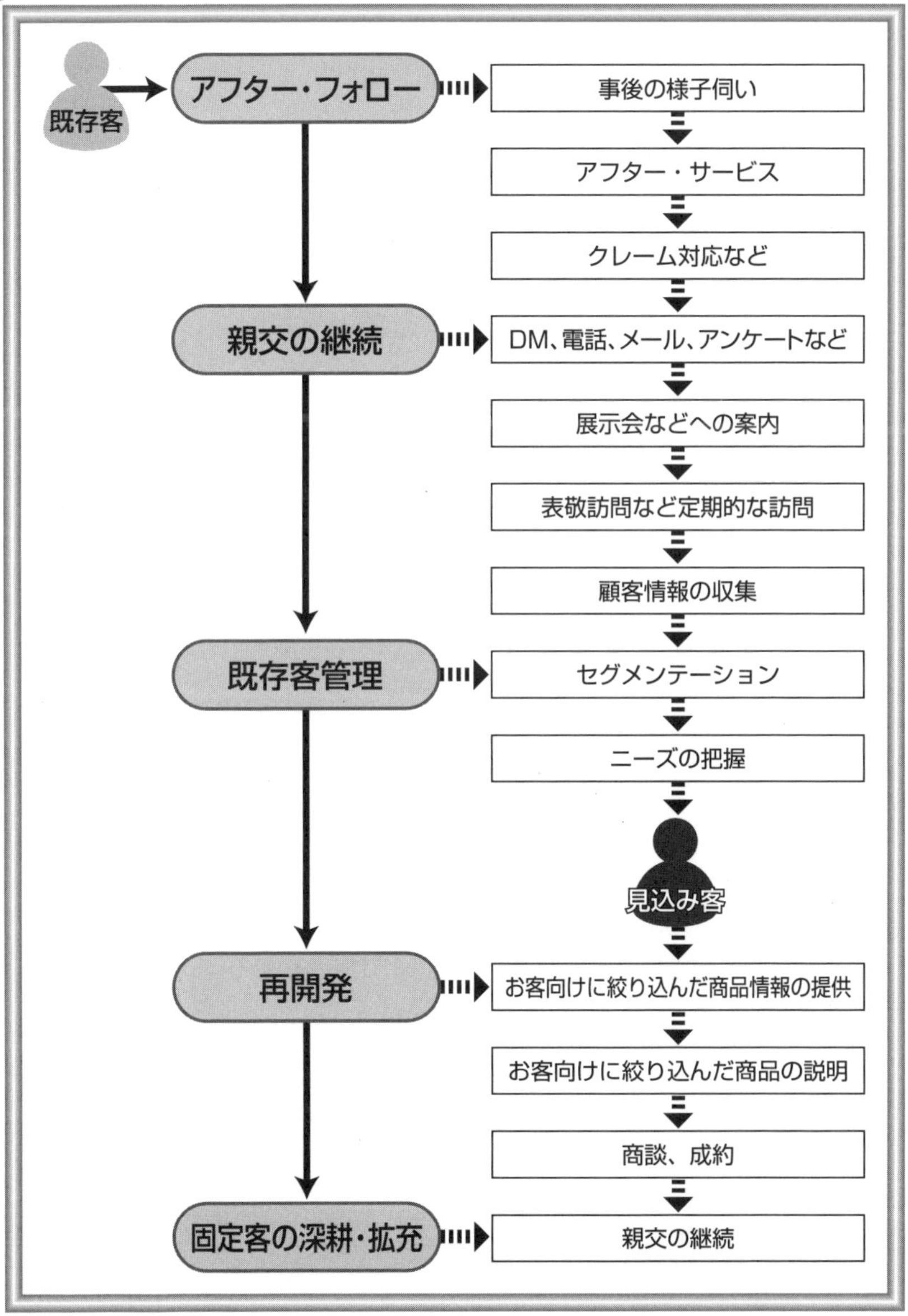

79 深耕期にあるお客の意味

■開拓への投資効果をいかに最大限に享受するかが深耕期の営業の目的

◆利益を生む農場

会社という視点から見れば、新規客開拓の期間は投資の時期であり、深耕期はその投資を回収する時期である、と言えます。

新規客の開拓では、営業担当者は一人のお客を獲得するために、数多く訪問活動を行なってきました。それに費やされた労働力や、資料費、交通費などは会社が負担していますが、途中で破談になったお客の分も数に入れると、その額は相当なものになるはずです。それでいくらの利益が得られるのか、あえて対比するまでもないでしょう。普通の商品であれば採算が取れないのは一目瞭然です。

それなのにどこの会社も新規客開拓に力を入れているのは、既存客を増やしていくことで得られる利益増大の可能性がそれだけ大きいからにほかなりません。

次ページのように、既存客には、ほかの商品を買ってもらえる可能性があるだけでなく、買い替えや新商品の購入も期待できます。そればかりか、ほかのお客を紹介してもらえば、数珠つなぎに次々と新しいお客を増やしていくことも可能です。

こうして見ると、いかに将来にわたって既存客は大きな利益をもたらすのかがよくわかります。深耕期では、既存客は利益を再生産する農場として位置づけられるのです。

◆既存客の可能性◆

ここがポイント　既存客の持つ可能性を最大限に掘り起こしていくことが深耕の意味

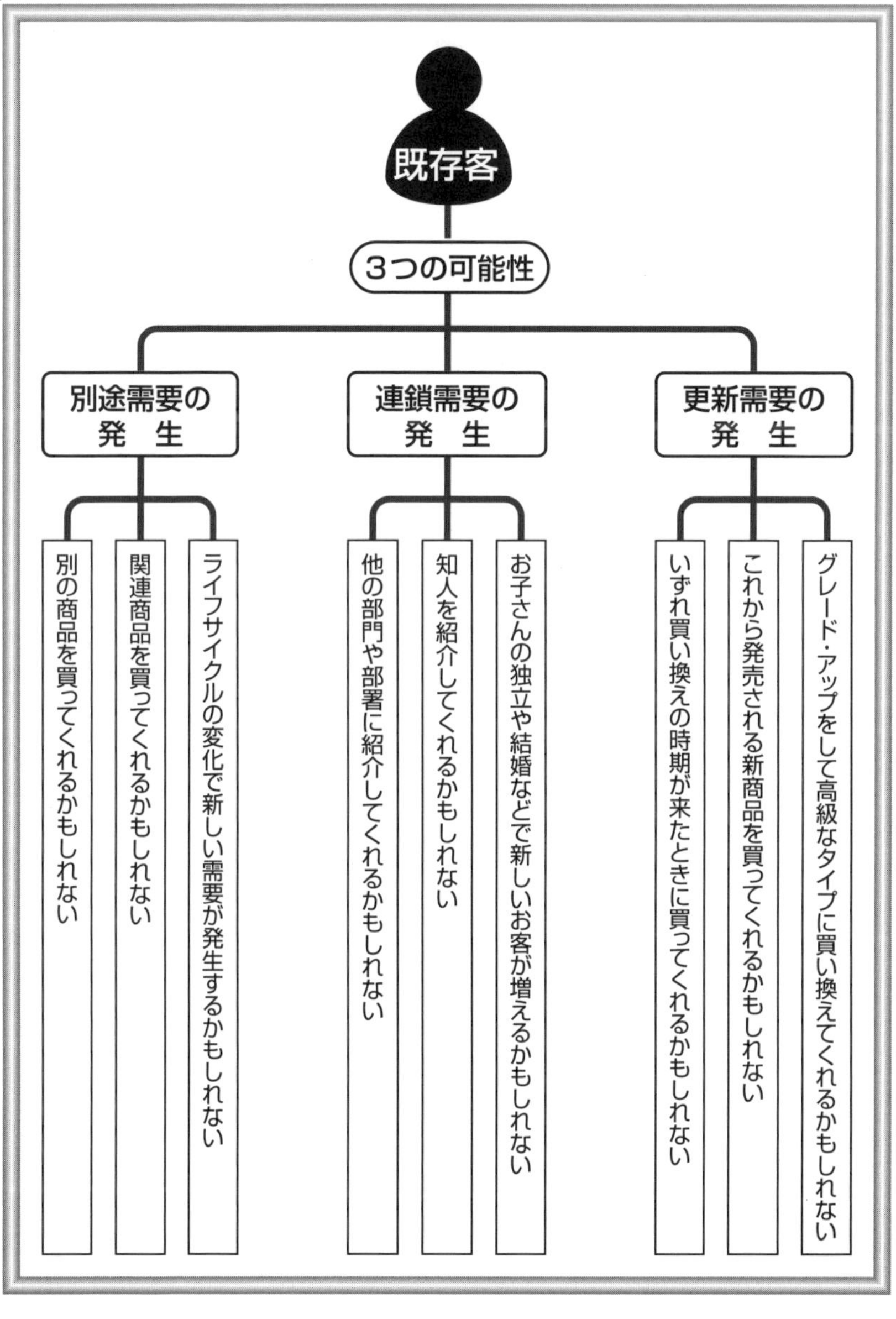
既存客
3つの可能性
別途需要の発　生
連鎖需要の発　生
更新需要の発　生
別の商品を買ってくれるかもしれない
関連商品を買ってくれるかもしれない
ライフサイクルの変化で新しい需要が発生するかもしれない
他の部門や部署に紹介してくれるかもしれない
知人を紹介してくれるかもしれない
お子さんの独立や結婚などで新しいお客が増えるかもしれない
いずれ買い換えの時期が来たときに買ってくれるかもしれない
これから発売される新商品を買ってくれるかもしれない
グレード・アップをして高級なタイプに買い換えてくれるかもしれない

80 深耕期の営業のテーマ

■お客との信頼関係を、コミュニケーションを親密にしてより深く耕していく

◆三つの課題

既存客が大きな可能性を持つことは、前項で見たとおりです。ただ、可能性は追求しなければ実現しません。いかにして既存客の可能性を営業に結びつけるか、それが深耕期の仕事になります。つまり、次の三つが深耕期の営業の基本的なテーマになるわけです。

ⓐ別途需要をキャッチし、購入に結びつける
ⓑ連鎖需要をキャッチし、新規客の開拓に結びつける
ⓒ更新需要をキャッチし、購入に結びつける

この深耕期は、営業マンにとっても回収の時期である、と考えるとよいでしょう。これまで何度も訪問を重ねて、お客とコミュニケーションを取ってきました。そうして蓄積されたコミュニケーションが、この場合の投資ということになります。

すでに、お客とは一定の信頼関係が築かれているでしょう。その信頼関係を、よりコミュニケーションを深めることで、より深く耕していく。つまり、さらに親密にコミュニケーションを取り合うことによって、新たなニーズをつかみ、それを成約に結びつけていくわけです。

この場合、コミュニケーションとは情報のやり取りであると考えてください。199

◆深耕期のコミュニケーション活動◆

ここがポイント お客とのコミュニケーションをより深化させることが深耕期の課題

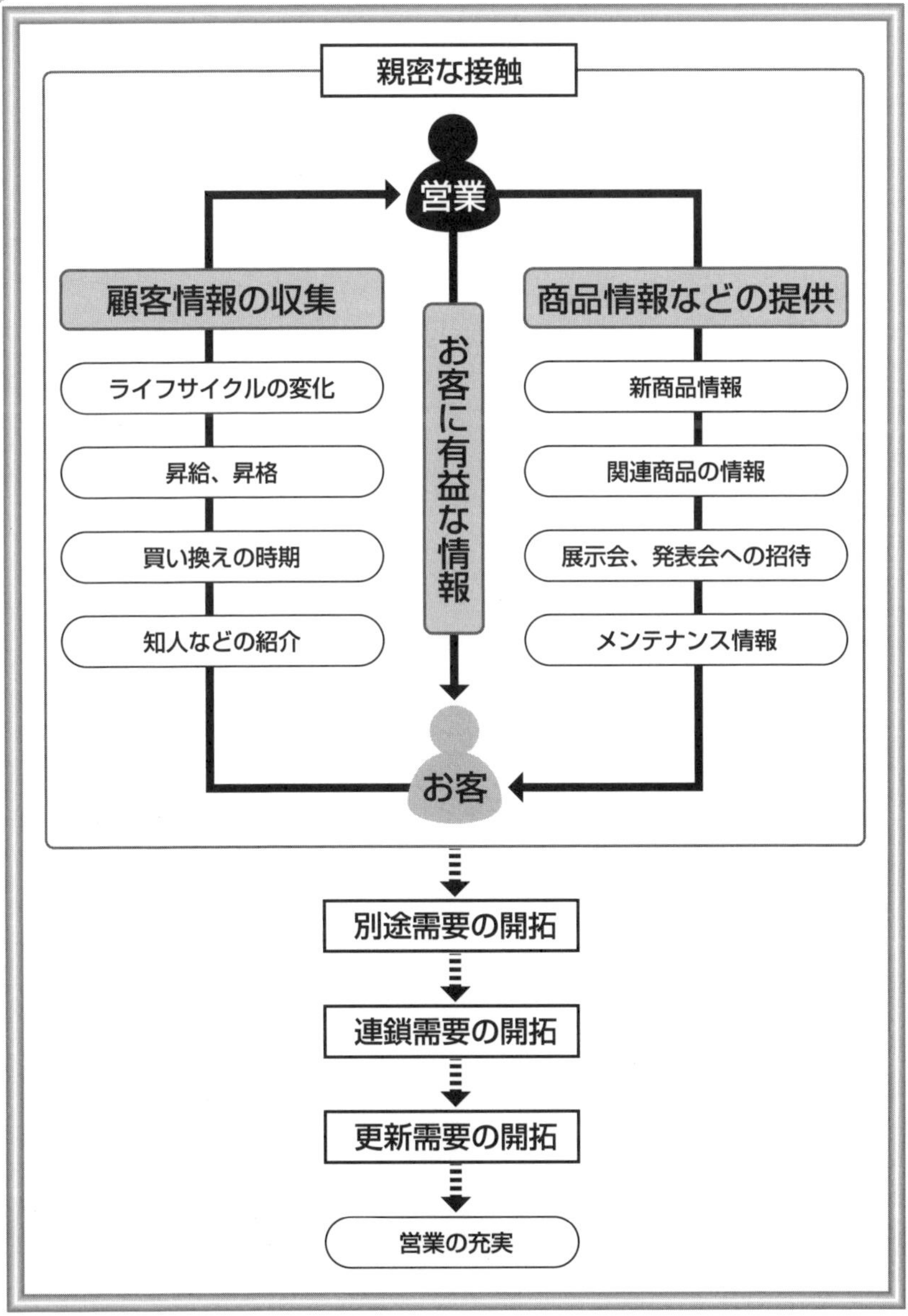

ページはその構図を示したものですが、要するに、「お客に有益な情報の提供」を柱としてコミュニケーションの継続を図りながら、新商品の情報など購入の誘導に役立つ情報を提供し、お客の需要情報を引き出していく、ということです。

なお、お客に有益な情報というのは、主に次のようなものを指します。

・趣味に関するもの
・職業、職務に関するもの
・生活に関するもの

法人客の場合には、これらのほかに次の情報が有効です。

・企業経営に関するもの
・経済の動向に関するもの
・お客の業界の動きに関するもの

◆押しつけは禁物

情報の提供は「これなら喜ぶはず」といった思い込みで行なってはいけません。こちらは善意のつもりでも、相手はありがた迷惑に思っている場合があるからで、その点はとくに注意してください。大切なのは本当にお客の役に立つ情報を提供することで、これは次のように行なうといいでしょう。

①「関心がおありなら、調べてきましょうか」と事前に尋ねたうえで実行する
②情報は整理して、資料として綴じ、表紙をつけて渡す
③表紙には「……の件」と表題を記入し、日付と自分の氏名と社名を記しておく

◆既存客との親交活動◆

ここがポイント 顧客とはあらゆる機会をとらえてコンタクトを取ろう

あらゆる機会を見つけて、お客とコンタクトを取る

- 展示会、新製品発表会などに招待する
- カタログを送る

こまめに連絡を取る

- 用件を見つけてこまめに電話をかける
- eメールを出す
- 誕生日や結婚記念日などにカードなどを送る
- 年賀状、クリスマスカード、暑中見舞いを出す
- お客に有用と思われる新聞、雑誌のコピーを送る

理由を見つけて訪問する

- 売った商品のその後の様子を尋ねに行く
- お客に有用と思われる資料を届ける
- 「近所に来たから」といって遊びに寄る
- 趣味などで相談にのってもらいに行く

81 eメールと顧客深耕

■eメールを上手に使えば、多くのお客と緻密なコミュニケーションが取れる

◆必ず了解を得る

　eメールを有効に利用することも、この段階では大切です。お客とのコミュニケーションを深める手段としてのeメールの活用の仕方には、次のようなケースが考えられます。

・訪問のアポイントメントの確認
・訪問での打合せ事項の事前確認
・訪問後のお礼
・定期的なご機嫌伺い
・誕生日などお客の記念日の祝賀
・展示会などの案内の確認

　また、個人で定期的に「メールマガジン」のようなものを作成してお客に配信するのもよいでしょう。ただし、eメールでは次のことを最低限のマナーとして守ってください。

①許可を得ずに送信しない
②長い文章やデータの送信は慎む
③お客に即答を求めるようなメールは送信しない
④送信を断られたらきっぱりとやめる

82 アフター・フォロー作戦

■アフター・ケアを口実にして、自然な形でお客に再接近する

◆訪問の継続には理由が必要

既存客への働きかけが重要だと言っても、成約したばかりのお客にすぐさま次の商談を働きかけるのは、やはりやりにくいものです。先方も、とくに個人客の場合は、購入すればそれで営業マンとの関係は終わりと考えるのが普通で、そこへ用もなく出かければ「しつこいやつだ」と嫌がられるだけでしょう。

しかし、用事があって訪問するのであれば、相手も快く迎えてくれるに違いありません。それにはそれだけ説得力のある理由が必要で、その有効な手段として活用したいのがアフター・フォロー作戦です。

これまで、アフター・フォローといえば、取引の事後処理、円満にフィニッシュするための手段として位置づけられているのが一般的でした。この場合、フォローの対象はあくまでも売った商品で、その商品に不具合などがあったときにそれがトラブル化してしこりを残すことがないようにすることが目的でした。

その根底に、取引とアフター・ケアは分業化したほうが合理的であるという考え方があるのは言うまでもありません。営業がぐずぐずとお客の面倒を見続けていくのはムダだ。それはそのための専門部門に任せ、営業は売った後はすぐに新しいお客の成約を取

ることに全力を尽くせばよい、というわけです。

　これは生産財や受注型商品など、プロジェクト・チームを組んでの営業には有効でしょう。しかしこの方法だと、営業が個人にゆだねられる消費財の場合、せっかくのお客をいったん手放すことになります。そのために生じるムダは営業にとって無視できないもので、その解消の手段として行なわれるようになったのがアフター・フォロー作戦です。

◆新しい関係への導入手段

　アフター・フォロー作戦は、従来とは逆の、次の考え方を前提としています。

ⓐアフター・フォローの対象は商品ではない。お客との関係をフォローするものである

ⓑアフター・フォローはフィニッシュの手段ではない。再スタートの手段である

　この作戦では、アフター・ケアを事後処理ではなく、新しい関係構築への導入ととらえます。そして、次ページのように、まず納品、事後訪問、アフター・サービス、代金回収、クレームへの対応などを口実としてお客を訪ね、次第に訪問することを定期化していって、やがて機会を見て商談に入っていくというのがその方法です。

　この作戦の狙いは既存客との取引を継続させることですが、いい加減にお客に接してよいというわけではありません。むしろ、アフター・ケアは次に進む最大の関門であると考えるべきで、これに満足してもらえなければ次はないと言ってよいでしょう。その意味でも、ここではとくに次のことに注意してください。

⑴成約した後の最初の訪問のタイミングを間違えないこと

⑵不具合の発生などのクレームには迅速に対応し、誠意をもって解決に努めること

▼生産財と消費財——生産財は企業などが生産の手段として用いる財貨、消費財は個人が欲望充足のために日常生活で消費する財貨、と定義されます

◆アフター・フォロー の要点◆

ここがポイント　アフターは新しいスタートだという意識で対応しよう

訪問理由	要　領	禁じ手
納　品	・可能な限り立ち会う ・商品の使用法や注意点を説明する ・アフター・サービスの内容や方法などについて説明する	・工場直送などで立ち会えないときは、電話などにより、無事に納品されたか、お客に確認すること。「われ関せず」は禁物
事後訪問	・納品後、1週間～10日以内に訪問する ・商品をチェックし、調子や感想を尋ねる ・雑談のタネになる話題を用意していくとよい	・商品について「調子が悪い」と言われたとき、知らんふりやごまかし、弁解じみたことを言わない
アフター・サービス	・期日が接近したら、なるべく早めにお客に連絡して、予定に組み込んでもらう ・サービスにはなるべく立ち会い、その内容や結果を説明する	・eメールで連絡した場合、そのままにせず、必ず確認の電話を入れる ・サービス部門に不手際があっても、その悪口を言わない
代金回収	・支払い部門だけでなく、購入担当者やキーマンのところにも顔を見せて、その後の商品の具合を伺う ・相手に有益と思われる情報や資料などを手土産にするとよい	・不満は聞き流しにせず、しっかりと聞いて、会社に戻って調べるなど、善処する ・代金の支払いが終わったらぱったりと顔を見せなくなったと言われるような態度は禁物
クレームへの対応	・連絡を受けたら直ちに駆けつける ・まず相手の言い分を聞き、迷惑をかけたことを詫びる ・言い分を聞いたら、即座に必要な手配をとる ・誠意を示す	・駆けつけるのが遅れると話がこじれる恐れがある ・お客の言うことに反論や弁解をしない ・原因がお客にある場合、お客を責めるような言い方はしない

83 既存客をセグメントする

■既存客をニーズの緊急性によって区分し、それぞれに必要な営業活動を展開する

◆既存客は一律ではない

深耕期の対象である既存客は、いわばこれまでの営業活動を通じて開拓してきたお客の蓄積であると言えるでしょう。それだけ数も多く、中には成約したばかりの新しいお客もいれば、古くからのお客もいて、性別も年齢も家族構成も職業も収入もさまざまです。当然、お客によってニーズの対象となる商品も違えば、ニーズそのものの緊急性や大きさも違います。

つまり既存客にも段階があるわけです。この段階というのは、基本的には前章で見た開拓中のお客と同じで、次のように分けることができます。

・**土壌の養成段階**――当分の間、ニーズの発生が見込めない
・**種まき段階**――潜在ニーズの存在が見込める
・**耕作の段階**――ニーズが顕在化していて、商談ができる見込みが強い

したがって、深耕期ではまず、そのお客がどの段階にあるのかを見きわめ、可能性の大きさ別に区分けすることが必要です。そうして区分けをしたら、今度は、次ページのように、土壌養成段階、種まき段階、耕作段階と、それぞれのグループごとに、そのニーズの緊急性に応じて営業活動を行なっていくことになります。

◆顧客のセグメントと営業活動◆

ここがポイント 深耕期は既存客への新たな営業活動の始まり

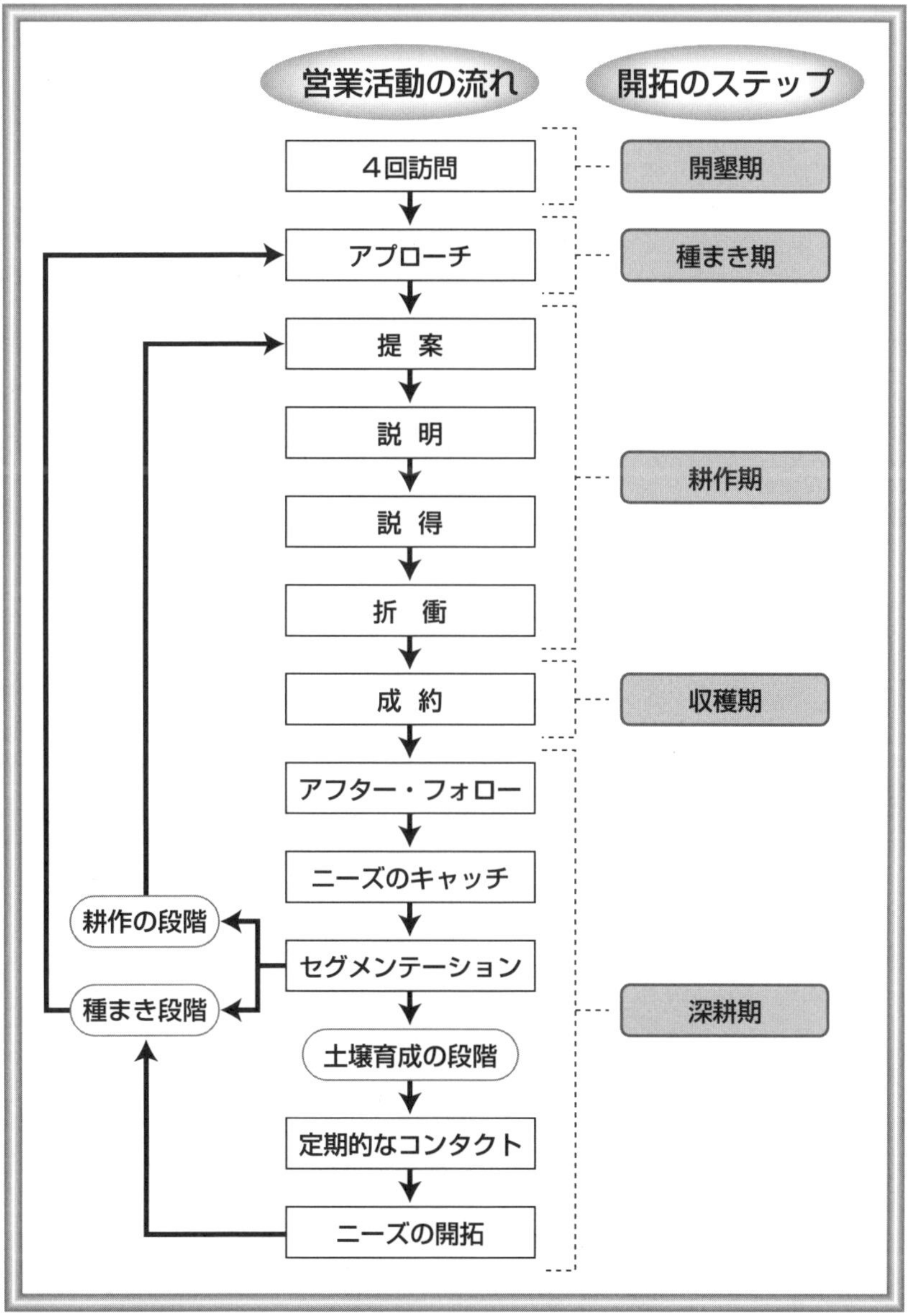

84

顧客分析表をつくる

■顧客を営業の緊急度で分類し、それぞれのグループに対応した作戦を展開する

◆三つの視点で重要度を評価

前項で、まず既存客の現状がどういう段階にあるか見きわめる必要があると言いましたが、これは、できれば次のように進めるとよいでしょう。

ⓐ顧客別に属性、趣味、ライフ・スタイルなどを分析、商品別のニーズの有無を調べる
ⓑ過去の取引の実績をチェックし、今後の有望性や取引の規模を推測する
ⓒ訪問での聞き込みをもとに、現在のニーズの状態（購入の可能性とその時期）を探る

(a)は「適齢期の娘さんがいるので近々、A商品の購入が見込める」というように、顧客情報をもとに、いつ頃、どの商品を購入する可能性があるのかを見るものです。

(b)はＡＢＣ分析を用いる方法で、過去の実績をもとに次の取引の確実性を予測し、それをより確実なものにするにはどんな働きかけが必要かを判断します。

(c)は訪問での感触によって、いま、どの商品にどれだけ強い関心を持っているかを判定・評価するものです。

これらを行なう場合に大切なのは、重要性を客観的に判定することで、これは、◎○△×やＡＢＣＤなどと評価基準を定めておくとよいでしょう。そして、その結果を次ページのようなマトリックス図にまとめると、いま何をすべきかが見えてきます。

▼お客の属性――個人客の場合は、性別、年令、職業・職種、役職、収入など、法人客の場合は、業種・業態、資本、従業員数、売上高などを言います

▼ＡＢＣ分析――86ページ参照

▼次ページの図のⓐⓑⓒの欄には上記の本文中のⓐⓑⓒについての評価を記入します

◆顧客分析表の例◆

ここがポイント 顧客のセグメントはマトリックス図を用いて商品別に分析するとよい

地域	顧客	担当商品															備考
		A商品			B商品			C商品			D商品			E商品			
		ⓐ	ⓑ	ⓒ	ⓐ	ⓑ	ⓒ	ⓐ	ⓑ	ⓒ	ⓐ	ⓑ	ⓒ	ⓐ	ⓑ	ⓒ	
P町	…………	○	○	△	◎	○	○	×	—	—	×	—	—	△	○	×	
	…………	×	—	—	×	—	—	○	○	△	◎	○	○	×	—	—	
	…………	×	—	—	×	—	—	○	△	○	◎	△	○	◎	△	○	
	…………	◎	◎	◎	×	—	—	×	—	—	×	—	—	△	○	×	
	…………	×	—	—	○	○	△	×	—	—	△	○	×	×	—	—	
	…………	○	○	○	×	—	—	◎	○	○	×	—	—	△	—	—	
Q町	…………	×	—	—	△	○	×	×	—	—	○	○	△	△	○	×	
	…………	◎	△	○	△	△	×	◎	△	◎	×	—	—	×	—	—	
	…………	×	—	—	○	○	○	△	○	×	△	○	×	×	—	—	
	…………	×	—	—	×	—	—	◎	△	○	×	—	—	×	—	—	
	…………	×	—	—	○	◎	○	△	◎	×	△	◎	×	×	—	—	
	…………	×	—	—	×	—	—	△	—	—	×	—	—	×	—	—	
R町	…………	○	○	○	△	○	×	○	○	△	×	—	—	×	—	—	
	…………	△	○	×	×	—	—	×	—	—	○	○	○	△	○	×	
	…………	×	—	—	○	○	△	×	—	—	×	—	—	△	○	×	

著者略歴

簾田 彰夫（みすだ あきお）

長野県生まれ。学習院大学法学部卒業。シポレックス㈱（現・住友金属鉱山シポレックス）マーケティング企画、㈱ホンダクリオ武蔵野（現・ホンダクリオ新東京）調布店長を経て、帝国データバンク、ＳＶＰ Japanなどでマーケティング、営業、販売促進に従事。現在、戦略経営コンサルタントとして活躍。著書に『販売促進の要領と技術』（共著・同文舘出版）がある。キャリア・コンサルタント協会理事。中小企業経営実務研究会会員。

企画・編集　三田書房
図版構成　中野昭夫

仕事の基本がよくわかる
開拓型営業の戦略と技術

平成17年 8 月31日　初版発行

著　者——簾田 彰夫

発行者——中島 治久

発行所——同文舘出版株式会社

東京都千代田区神田神保町1-41　〒101-0051
営業（03）3294-1801　編集（03）3294-1803
振替00100-8-42935 http://www.dobunkan.co.jp

©A.MISUDA　ISBN4-495-56871-X
印刷／製本：東洋経済印刷　Printed in Japan 2005